U0073709

要買保險的 *168* 個理由

168 Reasons Why We Need Insurance

**保險雖然不能改變現在，
但可以預防你的未來被改變！**

保險佈道家 **陳亦純** /著

關於作者

陳亦純 AISUN CHEN

1975 年進入保險業，蟬聯 11 年的全省業務冠軍。

　　著作「我有理由不買保險」在台灣、大陸、星馬、港澳風行了二十多年。世界級演講大會、大專院校、社團、企業講師，長期在新聞、雜誌專欄傳播觀念。現在以「保險捐贈」作為志業，幫助公益團體濟助弱勢族群。被稱為是保險佈道家。

經歷

台北市生命傳愛人文發展協會	理事長
台大保險經紀人 (股) 公司	董事長
台灣光彩促進會保險聯盟總會	主 席
中華華人講師聯盟	2008 年會長

著作

《我有理由不買保險》、《做一個成功的領導人》、《退休要有錢》、《了凡四訓心想事成》、《最美好的恩賜》 等 27 本

aisun@tai-one.com 微博、FB、微信 關鍵字【陳亦純】

（FB）　　　　　　　　　（WeChat 微信）

凡公司機關團體訂購《要買保險的 168 個理由》100 本以上（台灣），陳亦純老師可免費提供一場演講。（限前 30 名）

意者請洽：台大保險經紀人 (股) 公司

　　　　　　Tel：02-55585518　ex502　aisun@tai-one.com

創見文化 Tel：02-22487896　ex302　iris@book4u.com.tw

為萬世開太平

我們多麼光榮，因為我們用保險維護了億萬個家庭的安全，我們讓保險的雄厚財務累積促使國家更繁榮、更強大！而國家回饋給三百萬保險大軍的是政策的支持、將保險觀念落實在中小學科書等等，這是全世界史無前例的豪邁。

正如陳亦純老師在本書中所引用了我的一段話：

『買意外險，只為行程路上一份安心。買醫療險，只為住院不用花自己的錢。買教育險，只為能給孩子確定的未來。買養老險，只為在夕陽下無憂的笑臉。買財富傳承險，只為名下資產合理避稅。

保險不能改變現在，但可以預防將來被改變！保險讓生活更美好！』

我和很多的夥伴一樣，二十多前，《我有理由不買保險》是我進入保險業的入門書。此書的親身案例、輕鬆的筆調，使我降低了初入門的恐懼、增添了我面對挫折的能量，更重要的是，書中傳遞了正確的理念和價值感，使我不悔漫漫保險路。

可敬佩的是，他又將《我有理由不買保險》做了更現代化的闡述和增添，此書對所有保險人和所有民眾，都是需要放在案頭和皮包裡的寶典。

這麼重要的一本書，他必定耗費相當大的心血和時間，我代表所有華人保險業務員向他致十二萬分的感謝！

中國 . **蹇宏**

中國第一位 MDRT，
中國保險菁英大會（CMF）主席，
開創中國保險現代化之第一人。

在輝煌的國度發揮心志

　　中國在不久之後必將是世界第一經濟強國，經濟強國最重要的是金融基礎工程完備且堅實。當中保險扮演一個最重要的角色，不論是協助國家金融的穩定、民眾安全的防範，或在退休安養的領域中帶動老齡服務業的興盛。保險人將是時代尖峰的勇士及推手。

　　我也確信未來 MDRT 的主場將移師中國，因為中國必然擁有最多的 MDRT。可是在英雄榜板塊移動的過程中，我不免擔心，因為金融的躍昇畢竟太快了，我們的英雄們在進步的過程中，是否確實把保險的理念當作信仰去維護，有沒有把保險的真諦明確宣揚在各個家庭中。

　　因此回到精神面是重要的，讓我們的業務員具有崇高的生命理想與偉大的道德情操是必要的。

　　亦純老師的《我有理由不買保險》是大陸壽險業務員共同的啟蒙書，二十多年來涓流不息地灌溉神州保險大地，不是只有技術和觀念，最重要的是態度和精神。

　　而保險業務員要如何長期且高品質、受尊重地屹立在寬闊壯觀的偉大志業中。我欣然地看到亦純老師的新作又紮紮實實地傳述保險的理念，我興奮地認為我們的行業是寶貴且幸福無邊！

中國. 葉澐燕

MDRT 美國百萬圓桌大會中國大陸區主席、
三所平安明欣希望小學名譽校長、
廈門市霞浦、寧德商會副會長，11 年廈門第一，

為大地厚實防護

　　亦純算來是我三十多年的老朋友了，在台灣一直顯赫於保險天地，他在 1991 年出版了《我有理由不買保險》，是華文保險界很早出版處理反對問題的書籍，是在港澳、東南亞、台灣、中國保險界很暢銷的啟蒙書，幫助了很多剛入行的新人快速解除銷售障礙，可說功德無限。

　　經過了這麼多年時間，他在保險公司行政職中協助了很多保險人成家立業，他自己也成立了規模龐大的保險經紀公司，而且熱情不減，在報章媒體筆耕不輟，共發行了二十多本著作，可說是華人保險實務界最能以筆墨宏揚保險文化的人之一。

　　據悉他經業界的懇促，希望能把當年轟動之作《我有理由不買保險》，增添修改符合當今時代背景的闡述，結果擴大成豐富紮實的 168 條問題的解答方案。我詳讀之後發現，豈止是問題的解答，還把大家最盼望的高端 VIP 市場的開拓詳加論述，也把當今最大的保險市場內地的一些實用法規精簡說明，此書我看必然又是有識者必讀之作，將又對保險界產生巨大影響力，祝福能看到此書的所有同業。

香港 . **容永祺**

香港太平紳士，全國政協委員，
1994 年香港十大傑出青年，
2011 年中國保險年度人物。

為生命加添光彩

每個人來到世界都有他的功課，有的人要來改善一些人，有些人要造福他的家庭或社會。如果一個人能將他的事業當作是為造福人群的神聖召喚和使命，這社會將充滿了善意的能量和豐沛的生命力。

政府的責任是讓人人安居樂業。

企業的責任是讓商品流通、社會繁榮。

保險人的使命是讓家家戶戶有保障。

中國的保險現代化從九〇年代初期開始萌芽，如今百花齊放，變成挹注國家成為世界第一經濟強國的最大助力。這是所有保險領導人不懈的鬥志和使命感。

早期從外地的保險人讓中國的保險生命力得以充沛，尤其和內地最為根血相連的台灣提供了不凡的經驗和借鏡。最讓我印象深刻的是陳亦純老師的大量著作給早期的保險經營者正確的引導，書中的正念、精進和紀律，使很多業者奉為圭臬，也影響非常多先進的心態和行為舉止。

我也是在他的號召下將營業單位經營得有所規模並創辦保保網，希望多盡一分心力，在多幫助一個保險人的前提下，進而幫助千萬個家庭。

如今他能不懈筆耕，又把反對問題和高端市場的開拓寫成 200 個心法，我認為這會讓保險界再提升到更高的層次。謹以此文致最大賀意。

龐國平

中國平安人壽資深總監

執著是一種精神

相識前輩陳亦純老師是在 2010 年，當時我在臺灣做個人巡迴演講，因為久仰陳老師的名氣和才氣，能在臺灣與老師相識感到很激動，在與老師的交談的過程中沒想到陳老師從說話、做事都是那麼的真誠、認真、直接、坦率和幽默。

從臺灣到鄭州、北京、武漢、杭州……從國內 CMF 精英圓桌大會到國際 MDRT 的演講舞臺的多次重聚，讓我更加對老師敬仰與崇拜，每一次都能從他身上學到寶貴的經驗。亦純老師對人生的態度和對保險的熱愛讓眾多人欣賞與敬佩。老師從業三十多年寫書二十多本，尤其關於銷售、保險專業書籍更是受到大陸朋友的喜愛，有幸為《要買保險的 168 個理由》這本新書發表為老師寫序，書中是老師多年來的經驗沉澱，每個真實的案例都會給讀者領悟和啟迪，感謝亦純老師對社會的無私貢獻與付出！

每一本新書問世，一定彙集作者的心血，本書也凝聚老師多年的經歷和執著的態度，書中的案例一定能幫助業務同仁，使銷售做得更加得心應手，水到渠成，作為一名讀者感恩陳亦純老師的付出，作為朋友祝福老師事業順利，在您身上燃燒的那種精神、信念和力量一直會鼓舞我永遠向前！

北京. **呂啟彪**

曾連續 667 天，
天天最少一張壽險保單，
2012 年 MDRT 中國旗手

推薦序6

保險是為天地留正氣

　　作者陳亦純從事壽險業超過三十年，出過很多關於保險的暢銷書，這本書的問世對於保險業務員來說是一件好事，我能被邀請寫序，實屬至高榮幸。

　　不管任何行業，行銷時若能了解客戶的心理、想法，將有助於訂單的成交或契約的簽訂，這是行銷的不變法則，在保險業也是如此。《要買保險的 168 個理由》道出人為什麼需要買保險？保險的意義、價值、功能是什麼？對社會的影響是什麼？作者以自己豐富的保險銷售實戰經驗，整理並精心列出要買保險的 168 個理由，對於保險業務員來說，是非常實用的行銷工具和利器。

　　從事保險行銷的業務夥伴們讀完這本書後，必定有很大的收穫，也將更了解保險的多重價值與功能。感謝作者寫出了一本非常好用的工具書，在此也預祝此書被所有社會大眾接受及歡迎！

台灣 . 林天賜

中華保險與理財規劃人員協會　理事長

給自己一個理由

想做一件事情，一個理由就夠；不想做一件事情，可以找到無數藉口。相信不同類型的客戶都能從亦純老師的新書中找到屬於自己的、想去買保險的那個理由。

亦純老師是臺灣保險界的前輩，毫不誇張地說，我是看著他的書長大的。陳老師儘管從業近四十年，從保險業務員做起，也做過保險公司的管理職，現在又自己經營保險經紀公司，變的是他對保險的理解越來越深、貢獻越來越大，不變的是他幾十年如一日對業務的熱忱、筆耕不輟以及從沒停止過對內地保險業的無私奉獻。

國內保險業正處在新舊時代交替變革的時候，代理人制度的變遷、壽險業預定利率的調整以及連續數年保費規模及代理人人數的徘徊不前。靜下心來讀讀這本書，或許能讓我們找回當初剛加入保險這個行業的那顆「初來之心」！

深圳. **丁云生**

以醫師身分創造輝煌保險成就，
被譽為「中國重疾險之父」

推薦序8

為保險界留下精彩的樂章

宋朝的蘇東坡是近千年的古人，他的詩詞文章後人不斷地傳誦著，然而很多的政客想要留名卻留不下名，甚至留下了不好的名聲。在世上得以流傳久遠的是「精神」，就像居禮夫人、愛因斯坦、蕭邦、貝多芬，而陳亦純老師為保險界留下精彩的樂章，更是另一種精神的展現。

陳亦純是保險業的長青樹，是我三十多年的老友和同事，他在保險界及企業界所創立的甚多戰功可說轟轟烈烈，他在擔任業務員階段，曾連續11年蟬聯全台灣首獎，我們曾笑稱，在公司的每月排行榜他的名字是鋼鑄鐵打從未變動過，他進入公司行政職後，仍持續創造非凡戰功，自行創業後，更是成就不凡。最難能可貴的，他不懈文筆，在雜誌、報刊、電視、電台各媒體，一直有精彩文章出現，所以北京梅如彪曾說，他是五千年來華人保險人創作最豐富的第一人。

二十多本著作本本受人暢銷，我相信本書又將造福全華人區域的保險工作者，這本智慧的結晶也會讓千千萬萬的家庭受益，值得期待因而推薦。

台灣. 張淡生

中華華人講師聯盟創會會長，
南山人壽處經理，
1977 年從事保險事業至今。

真愛無礙

在台下，他總是掛著靦腆的微笑，講話不誇張，謙虛得很。但只要他一上臺，立刻有如三太子李哪吒附體，生龍活虎、意氣風發。

他對保險的經營有如宗教般地堅定，在台灣，大家稱他為「保險佈道家」，因為他一直在傳播保險的八正道——正見、正思維、正語、正業、正命、正精進、正念、正定。

他出版《我有理由不買保險》時，我還是菜鳥，我在保險大會時買了很多本和同仁分享，大家都覺得此書太有用了，雖已出版二十多年，但仍然還是有參考的價值。可陳老師不為滿足，以今日之我和昨日挑戰，再推出全新作品《要買保險的 168 個理由》，先睹為快，大嘆天人也，又是對保險人大有助益之書，要在保險界立足，此書不能不看。特此推薦。

紐西蘭．**陳春月**

僑居紐西蘭，16 次 MDRT，
2012 年在美國 MDRT 作英文演講，
是讓人感動動容的抗癌鬥士、保險英雄。

 推薦序 10

保險的真諦

　　與陳亦純老師每次相談之下皆有相識恨晚的感覺，更意識到他是一位非常熱心的人，尤其是對公益慈善事業。他在全台灣大力推動捐贈保單來做公益之事即是最佳的證明。

　　在陳老師的新書《要買保險的 168 個理由》中，除以生活化的語言和例子來闡述保險，進而帶出應買保險的理由，其中再配以與準客戶精闢的對話，連消帶打地化解了準客戶的各項反對意見和不買的理由，讀後令人耳目一新，為之動容。

　　新書中更是分門別類地把保險的功能分析得淋漓盡致，令從事保險行銷業務近三十年的我也大開眼界。

　　此書可說是保險行銷界的「百科全書」，讀後必能深受啟發而在銷售過程中無堅不摧，無往而不利，是所有保險業務員必讀的一本「銷售心經」。

馬來西亞砂磱越 . 張慶發

馬來西亞 ETIQA 保險公司資深業務總監，擅長開發高端保戶

好友們的美言

譚小紅──深圳市 MDRT 主席
陳亦純老師 40 年保險生涯，堪稱一代宗師，智慧的結晶是小紅及眾多夥伴的枕邊書、囊中寶，猶如幸運之神常伴、常勝。

裘麗萍──浙江省 MDRT 主席
麗萍從業來的奮鬥動力都來自陳亦純導師的每本寶書，是我目標的力量、信仰的泉源。

吳征宇──北京市 MDRT 主席
陳亦純老師此次從另一個角度全新詮釋保險的功能與意義，獨闢蹊徑，振聾發聵，是不能不看的巨著！

朱如吉──泰國連續 26 年 MDRT。
陳亦純老師的著作給我很大的能量，讓我年年都 MDRT，新的著作一定會再使我成長。

吳迦陵──台北中國人壽經理、名講師
我從亦純老師學到的不只是書中的經驗與精華，他的衝勁和永不停止的熱情是保險人的楷模。

陳禮祥──馬來西亞理想理財總裁兼大東方資深營業經理
陳禮祥榮譽滿載的壽險創業路途只因有陳亦純老師的好書相伴，而陳亦純老師的出品本本皆是好書。

鄭智茂——中宏人壽寧波總經理

我的保險之路是看陳老師書籍長大的,此書必能幫很多家庭蒙披福蔭!

陳立祥——台灣富邦人壽處經理

立祥從業以來的戰功戰力經常都來自陳亦純老師每本書的醍醐灌頂。

1991 年受保險行銷雜誌所邀，寫下了《我有理由不買保險》一書，在台灣連續發行了二十多年五十多版，在海外各地也頗受歡迎，我就是從當時開始走向海外分享之路的。此書翻版甚多，在星馬、大陸，我看過各式各樣的翻印版本，讓我感到榮幸與興奮，本書雖是基本工具書，但能受到這麼長時間的歡迎真是奇蹟。

不過世上無奇蹟，凡事都有它的因緣，在當時，中國大陸的保險現代化正式啟動，而包括台灣和海外的華人區域，能看到的保險書籍大都是外文翻譯，我們皆知，保險必須落實在地化，要能用當地人的語言、思考去引起共鳴，而老外的思考模式和華人基本上是大為不同的，如果是華人皆看得懂的淺顯案例，自然就相當討好。

時機造成書籍的轟動，這是難能可貴的奇遇。以保險業而言，現在整個大陸經濟蓬勃大發展，這是保險人千古難逢的大好時機，多少人應用保險做財務規劃、進行財富配置、作為企業經營的千斤頂、防護罩，加上老齡化的威脅、各種重疾、意外的侵犯，沒有保險的企業充滿危機；沒有養老保險的個人老年生活沒有保障；沒有重疾保險的家庭會落入萬丈深淵。

所以要看懂趨勢，掌握流行。能掌握大局，許自己一生志業的完美，也對社會民眾添增福祉。

本書的內容主要都是我多年的實務經驗，不談空泛的理論，充滿實戰經驗，可說是保險業務員在處理反對問題的範本與百科全書。而書中有不少的內容有介紹大陸的保險現況或法令，這是因為未來台灣和大陸保險必然接軌，你不願接受，但大勢所趨實難避免。台灣的民眾和保險從業人員還是必須多多了解中國大陸的市場。

大陸保險的蓬勃發展讓人看了心驚膽跳，動輒幾個億的保額在跳躍，更為可怕的，大陸的保險菁英不分公司、省份，常常聚會討論研究，這在

其他國家是看不到的，所以他們的資訊、心法、技能、理念，可以很快地分享和提升，這也是中國保險飛也似地成長的主因。我在此書中引述的一些資料也是因為他們在交流過程當中被我所蒐錄的。在此要感謝他們。

感謝中國第一位 MDRT 蹇宏，MDRT 中國大陸區主席葉澐燕、香港容永祺大師、平安資深總監龐國平、天天有保單的呂啟彪、台灣林天賜主席、重疾險之父丁云生、紐西蘭陳春月、張淡生會長和大馬張慶發老師的推薦，還有深圳譚小紅、杭州裘麗萍、北京吳征宇、泰國朱如吉、台北吳迦陵、大馬陳禮祥、寧波鄭智茂、台北陳立祥諸多好友的美言推薦。大家的鼓舞使本書生色，謹致以無限感恩之意！

目錄
CONTENTS

Chapter 1 理念篇 ★ 買保險最重要的事

Chapter 2 迷思篇 ★ 正視眼前的問題

抉擇篇 ★ 認清需要，不要遲疑

Chapter

4

女權篇 ★ 女人當自強

Chapter 7　頂級VIP客戶篇 ★ 富人就不需要買保險了嗎

Chapter 8　知識篇 ★ 懂保險，買好險

Appendix 附錄篇 ★ 高端保戶開發 32 技巧

理念篇
買保險最重要的事

168 Reasons

Why We Need Insurance

不會有事的，過一陣子再說

人性是到了黃河還是不死心，沒有面臨死亡時不相信自己會死。

當保險業務員和客戶接觸時，常常看到客戶們說一些推拖之詞……過一陣子再說吧、等我想買保險時再通知你。其實根本是他自己不相信會有事，不想投保。這是人之常情，就是古人所說的：「不到黃河心不死，不見棺材不掉淚。」

一個二次世界大戰與保險的故事，內容相當令人不忍。

日軍包圍菲律賓的「柯雷吉多」島，島上兩萬名美軍命在旦夕，隨時有被殲滅的危機。

美國的壽險業者聯合起來，希望用壽險去幫助這些在火線上的同胞及他們的家人。軍人們只需要在空投的要保書上簽名，用電報傳回兵籍號即可生效。金額從美金一千到一萬。保費從月俸裡扣，條件可說再好不過了。這些公司的老闆們既愛國又有愛心，已不把營利放在心上了。

一個月後此島被攻陷，兩萬人當中一萬人陣亡，一萬人被俘。但事後統計，這兩萬人當中有投保者不到三分之二，而且投保的人當中只有三分之一是用最高額一萬元，其餘僅是一千、三千、五千而已。

承保單位後來發了一封信給各保險公司，內容大致說：「想不到，即便身處險境，仍無法讓一個人主動買保險。殘酷的戰爭取代不了專業的業務員……」

這就是人性。到了黃河還是不死心，沒有面臨死亡時不相信自己會死。不要去相信客戶講的什麼——我沒有空、沒興趣、已買了等等，這些都是藉口，講的人不笨，相信的人是才是笨蛋。

因此在台灣平均保額不到八十萬新台幣，在大陸平均保額不到兩萬人民幣。這不再是時代的荒謬，這只是告訴我們——多金時代，保險市場還是大的嚇人！需求保險的心理層面，還是有待去開發。

人壽保險的真相

保險是當您覺得需要時，會又高興又後悔，高興買了，後悔買少了。

　　馬來西亞廖寶瑞先生從事保險工作超過四十年，他在二十多年前來到台灣，曾講述過「人壽保險的真相」，雖歷久，仍彌新。他認為的保險真相的重點有以下幾點——

❶ 每一個人，不論你買不買保險，你其實已經投保了，不同的是，是你自己向你的荷包投保，還是向保險公司投保？如果你向自己的荷包投保，你自己將拿出十萬、一百萬、甚至一千萬的錢出來應付養老、意外、疾病。如果向保險公司投保，這些錢將由保險公司來支付。

❷ 人壽保險並不是現代產品，而是過去中國舊式家庭裡就有的，由整個家族來分擔風險，現在的保險公司只不過更有組織，更科學化地去造福更廣大人群的事業。

❸ 沒有人買錯保險單，也沒有人向錯誤的保險公司買錯保險單，錯誤的是沒有向任何公司買任何保單，錯誤的是買得不夠多的保單。

❹ 不論你買不買保險，每天都會有人買保險，每天都會有人獲得理賠，每天都會有人後悔沒有買保險。

❺ 人壽保險並不是去阻撓別人的計畫，相反地，是去保證別人的計畫一定成功。

❻ 不論你是否接受這個事實，人壽保險的需要是一定存在的，關鍵在於你是否要去承擔它。買人壽保險不是因為要出事，而是因為還有人要活，日子還是要過下去，還是需要收入，雖然保險不能代替一個人的丈夫，不能代替一個人的爸爸，但是保險可以代替他的收入，當您拒絕人壽保險時，受傷害的不是保險公司，不是保險業務員，而是你、你的另一半和孩子。

很多人害怕生、老、病、死，很多人害怕付保險費，因為心理上都很排斥付錢，其實，付保費並不是問題的關鍵，不付保費才會讓問題產生，付保費其實是去解決問題。

人壽保險是什麼東西？人壽保險是錢，不過它並不是普通的錢，它是當你最需要錢的時候，能走到你身邊的錢。錦上添花沒有什麼大不了，雪中送炭才可貴，保險的錢是雪中送炭的錢。

人壽保險就是這樣，當您和您的家人覺得需要的時候，會又高興又後悔，高興買了，後悔買少了。

一個好的保險計畫可以保證在不幸、意外發生時，讓一個人的家庭生活不受太大的影響，這就是壽險的家庭保障功能。

買保險到底有哪些好處？

人壽保險保障人們無論何時何地、因任何事故所造成的損害，可避免讓自己及依靠他生活的家人陷入絕境。

投保人壽保險的十大好處——

1 提供保障：

保障人們無論何時何地、因任何事故所造成的損害，均可避免讓自己及依靠他生活的家人陷入絕境。

2 提供退休計畫：

平均壽命日益增高，退休後養老金的需求也較過去多，在老年時仍能保持經濟獨立和個人尊嚴，有計畫地提存資金是絕對必需的。

3 患難之交：

現代生活壓力都很大，自顧不暇的情況下，至親好友所發生的災害，能提供的幫助實在有限，相同的，本身也應有此顧慮。保險則是平日只需繳納有限的費用，災難發生時卻可提供幫助。

4 財產保值：

以保險金準備遺產稅，以預防一生的努力盡付東流。

5 生活能力受損的賠償：

因意外或疾病失去生活能力時，保險可提供固定的家庭收入。

6 重疾防患：

人沒有拒絕生病的特權，明智的人懂得防患未然。重疾並不可怕，龐大

的醫療負擔才可怕。

7 教育基金：

保險提存教育基金可以應付子女完成高等教育或留學的資金需要。即使父母有什麼不測，也能完成最大心願──給子女最好的教育。

8 免為清償：

保險可免於淪為債務清償的工具，可保留為東山再起的珍貴資源。

9 人性尊嚴：

參加保險，醫療時可選擇自己滿意的服務，這是一項既方便且維持人性尊嚴的投資。

10 員工安全：

根據勞動基準法的要求及精神，雇主必須為員工提存退休金，及員工發生職業災害時提供賠償，員工發生災害，雇主必相對受損，這時保險可做撫卹及賠償準備金用。

保險的功能還有哪些呢？

有價資產未來均統算在遺產之中。唯有壽險是有錢人的避稅天堂。

在台灣，藝人常在電視上說，東北有三寶——人參、貂皮、烏拉草。台灣有三寶——健保、勞保、199吃到飽。

筆者則要說保險有八寶。八寶的功效簡直太好，不懂的人太胡搞——

1 保用：

世界級富豪巴菲特的致富四大秘訣——1. 追求簡單，不要複雜。2.長期持有。3.不懂的不要碰。4.手邊永遠有現金。這四項觀念簡直就是在說保險。保險是一筆可以確保的現金，可以自我掌控的資產。

2 保固：

設定保固的期限，疾病、意外、癌症等身體健康的損傷，保險公司要負起彌補維修的責任。

3 保面：

人之悲哀有二，一是錢賺到但還沒用完即要走，二是錢用完了人還沒走。每個人都希望老年生活要有尊嚴，要有面子，要有錢。未來是一個養不起的未來，尊嚴的自我防衛，如今之計最萬無一失的做法是儘快準備養老金為要。

4 保安：

夫妻歲差是正常，老父少子也是常見之事，加上橫禍無常、惡疾飛竄，另一半尚無法財務自主或下一代仍需照顧教養之時，欲求心安，準備萬一惡運臨頭時家人降低災害之危難，這是有責任感的家長所該做的事。

5 保全：

準備一筆錢，支付貸款、生意投資及人生最後一筆費用發生時的給付，如此可免自己的事業及家庭在自己不幸駕鶴西歸時生活品質下降，也可讓自己的宏願及一生打拚的成果得到完整的移轉及繼承。

6 保值：

所投資的金額在一定的時間後會原金退回或物超所值地加息退回。當然這是規劃長時間的投資且中途不輕易變更所帶來的福祉。這也是提供長期且穩健的投資策略所延伸的好處之一。

7 保稅：

有價資產未來均統算在遺產之中。唯有壽險是有錢人的避稅天堂。解約免稅，逐年領回也免稅，身故免稅。有錢人傳家靠節稅，一般人持家靠節約。當結算日來臨時，遺產稅即可用保險抵繳之，就能避免心不甘情不願的遺憾。

8 保證：

保證一筆預期可以用的錢，保證未來給家人使用的錢。只要準時繳納未來必然可以如期回收，若是萬一在繳納期中發生不可預期的重大事故，則壽險公司會視同繳完地將尚未繳的錢全部奉還。

八保之妙用在有識之士身上可說是妙用無窮。

保險的真諦

我們不是賣保險,是幫人們買保險。保險費用莫嫌貴,不買出事最是貴。

我常在海內外各種公開的場合鄭重地提出保險真諦供大家分享,因為在功利主義之下,有些公司或主管唯利主義、以利引導,造成業務員的心態偏差。我希望大家一起來宣導保險正道,讓大家尊重保險,從而得到最應該有的庇護。

我們不是賣保險,是幫人們買保險。
保險費用莫嫌貴,不買出事最是貴。
沒有買錯的保險,只有不肯買的錯。

保險不是用賣的,是啟發人們的觀念,幫他們找到安心之道。
不要嫌保險費貴,沒有買保險出了事就後悔莫及。
保險商品千百種,要挑最合自己需要的買,但不管買什麼,不買總是危機重重。

今天不付保險費,改天家人付百倍。
有錢助他更有錢,沒錢使他變有錢。
恩愛夫妻有依靠,父慈子孝最奧妙。

總有人要付保險費的,自己付是小錢,家人付是大錢,百倍的支出。有錢的人因為保險而更加有錢,沒有錢的人因為保險的照顧和儲存而變得有錢。恩愛夫妻總有分離時,保險金是另一種方式愛的照顧。也可讓兩代親情更為穩固。

擔心保險公司倒，難道不怕己先倒。
問神求卜保心安，參加保險保安康。
節稅投資兼保障，長期規劃最可靠。
悲天憫人使命到，愛人如己境界高。

有人因擔心保險公司不會穩定而不投保，但一再拖延後卻讓自己先蒙其害。

請神明庇佑可得到安心，但那是心理層面的，發生事故時如果期望得到財務補助還是需要投保的。

保險的功能不但有保障，還有儲蓄的功能，越是長期越是保額高、獲利好。

不但利己還可利人，這是最高善行、最大的社會公益。

Reason 006

保險都是騙人的 ?!

邱吉爾說：如果我辦得到，我一定把「保險」二字寫到家家戶戶的門上！

說保險騙人，古來已有，三百多年前，英國的海上活動十分頻繁，船隻在世界各地航海經商或探險，當時的航海科技不如現代進步，許多的船隻出海之後不能平安歸來，造成很大的社會問題。

載著貨品及船員的船隻一旦沉沒，經商者貨品的嚴重損失，船員罹難造成家屬經濟中斷，生活無以為繼。在這情況下，當時有人很有智慧地想出一個好點子，就是每個商號或個人都出一份錢、一份力，一旦有船隻遇難時，就將這一大筆錢用來幫助不幸的商家及船員度過財務上和生活上的難關。

開始還是有很多更聰明的人，認為自己不會出事，不想繳互助金怕白花錢，但奇怪的是，往往沒繳錢的人就出了事，損失後平安者又很難於袖手旁觀，於是在壓力之下，大家就都繳錢了。後來，這個制度和精神，逐漸受到世人廣泛的沿用和認同，並在不斷的改良之後，才發展成今日的保險形態。

在要說如果保險都是騙人的，那麼很多中外知名人士都在幫忙騙人了。

美國的三位前總統——

艾森豪說：「我們的人民在自由的天地裡和未來的國家信仰中，一個最明顯的證據是上千萬人民擁有壽險保單的事實。」

羅斯福說：「一個有責任感的人，對父母、妻子、兒女真愛的表現在於他對這個溫馨幸福的家庭有個萬全準備，維持適當的壽險，是一種道德責任也是國民該盡的義務。」

約翰遜說：「一個願意幫助自己的人，我想不出比購買保險更好的辦法了！」

英國前首相邱吉爾說：「如果我辦得到，我一定把『保險』二字寫到家家戶戶的門上。我相信透過保險，每一個家庭只要付出微小的代價就可以免遭永劫不復的災難！」

香港首富李嘉誠說：「別人都說我很富有，擁有很多的財富，其實真正屬於我個人的財富是給自己和親人買了充足的人壽保險！」

影星周潤發說：「我相信保險能幫到我！」

作家余秋雨說：「如果金融保險人員做得好，等於給中華文明的推進立下了汗馬功勞！」

中國幾位前總理也說了。

江澤民說：「人民保險，造福於民。」

溫家寶說：「把商業醫療和社會醫保結合起來，不僅有利於滿足廣大群眾的醫療需求，而且有利於經濟發展穩定社會。」

胡錦濤說：「經濟越發展，社會越進步，保險越重要！」

我們應該好好地思考，保險有他們講的那麼好嗎？他們真的都受騙了嗎？如果真的保險是騙人的，怎麼能騙得了這麼多聰明人，也真是了不起？！

Reason

007

保險真的有你講的那麼好嗎？

世界上所有的商品都是先看到後相信，唯有壽險是先相信才能看到。

　　當我們對保險的敘述詳實，說得彷彿無懈可擊時，客戶卻又對保險以懷疑的口吻問：「保險真的有你講的那麼好嗎？」不妨提出幾個名人的佐證。

　　如比爾蓋茲曾說：「到目前為止，我沒有發現有哪一種方法，比購買人壽保險更能有效地解決企業的醫療財務問題。」

　　胡適的一段話更是經典之作，一般人都聽過：「保險的意義，只是今日做明日的準備，生時做死時的準備，父母做兒女的準備，兒女幼小時做兒女長大時的準備，如此而已。今天預備明天，這是極穩健；生時預備死時，這是真曠達；父母預備兒女，這是真慈愛。能做到這三步的人，才能算做是現代的人。」

　　中國第一位MDRT蹇宏曾說：

　　『買意外險，只為行程路上一份安心。買醫療險，只為住院不用花自己的錢。買教育險，只為能給孩子確定的未來。買養老險，只為在夕陽下無憂的笑臉。買財富傳承險，只為名下資產合理避稅。

　　保險不能改變現在，但可以預防將來被改變！保險讓生活更美好！』

　　唯一能照顧將來又醜又窮的人們，就是現在年輕貌美、努力打拚的我。繳保費不是消費，是在為將來老年的我做儲備。

　　壽險是年輕或健康的時候不買，年老或身體不好的時候想買未必能買到。

　　世界上所有的商品都是先看到後相信，唯有壽險是先相信才能看到。保險，讓生活更美好！

　　所以，還要對保險不相信嗎？

我不要保險？

否定保險就是否定要有錢，及早認同，及早開始擁有保險，就及早擁有錢！

每個人都會老、會生病、會蒙主寵召。

每個人也都希望擁有五福，五福是長壽、富貴、康寧、好德、善終。

突然一聲不響的走了，是好死、是善終，五福之一。但是能夠好死的人畢竟不多，最多的是久病纏身，求生無門，求死不能。

如果你知道未來離世之前你生病要用到200萬的醫療費，你要如何準備？

❶ 一次在銀行存200萬的醫療基金，任何狀況都不能動用，小孩要做生意都不能拿給他用。

❷ 每年存入銀行10萬，20年這期間絕對不能生病。生病也不能動用這筆錢，因為這是最後要用的尊嚴錢。

❸ 找個機構或找一批人，寫個切結書，一年付個互助金5萬，生大病時最高能給200萬的醫療補助金。

這三個方法大概都不太通吧！可是面對危機，那又該怎麼辦呢？

其實，用保險不就得了。或許你不喜歡保險，但總不能否定保險的功能，保險就是錢、就是可靠的機制、也是一種遊戲規則。沒有人討厭錢，沒有人嫌錢多。保險是幫助我們把錢變多、變成在最需要的時候站在我們身邊的好朋友。我們不能因為錢穿上保險的外衣就不認識錢了。

所以及早認同，及早開始擁有保險，就及早擁有錢。保險是先確定你會有一筆錢，你分期付款去繳納。老年時一定會給你這筆錢。如果你出了事，也一定保證讓你的家人得到。

在吸引力法則裡講到，你不要說你不愛錢，也不要說沒有錢。成為富人，先要認同錢。保險就是錢，所以要趕快向錢靠攏。

請不要說我不愛保險，要說：「對不起，以前我不認識您，請原諒我、謝謝、我愛保險！」

我對保險沒興趣

給家裡留下 1 個億，他是不是給家人留下不朽的愛？永遠活在親人的心中。

在我為金總經理說明了建議書的內容及各項細節後，他對我說：「老實跟你說，我對保險實在沒興趣。」

我說：「沒興趣！金總，您這樣講，我就放心多了。沒有人對保險是一開始就有興趣的，就像責任與使命也不是人人都願意去承擔的。

「而且，如果您說對保險充滿興趣的話，我反而會擔心，一個說他對保險有興趣的人，往往有問題存在。而您對保險沒興趣，顯示您不會有道德上的風險顧慮，正是我們最佳的承保對象。」

金總笑著說道：「你實在太會說話了。」

我說：「金總，不是我會說話，我是講實話。我們碰過太多的實例了。要客戶買保險時，他們總是千推萬拖，只是一餐飯的錢，他們都認為不值得、沒那個必要。但沒多久，就來拜託我們趕快給他們高保單，一體檢，原來是健康已出狀況了，當然我們也愛莫能助。」

「人在平時視保險如無物，但危難臨頭時，想到家人，想到即將到來的損失，恨不得能多買些保險來彌補，但已經太遲了。」

說到這裡，金總插嘴道：「我不會啦！我身體好得很，怎麼會跟他們一樣。」

我說道：「金老闆，就是因為您現在身體好，所以必須在狀況良好時就有準備，防患未然。

「還有，您是否曾想過？您的安危直接影響到家庭幸福，像您說的，您有父母親、祖父母、岳父岳母、岳父岳母的父母親。還有您最愛的夫人、公子、千金。這些甜蜜的負擔難道不用您費心思量嗎？

您的公司經營得很好，但我曾聽一位大企業家說過，沒風險時要當風險看。

一個人如果什麼都安排得很好，就是萬一出國消失了，再也回不來。但他給家裡留下1個億，他是不是給家人留下不朽的愛？他永遠活在親人的心中。他的照片掛在客廳裡顯眼的位置，因為他是一個偉大的人，他讓家族有了幸福的命運。

　　但假設這個人留下5000萬債務，家人會不會把他的照片掛牆上？或許飯沒得吃，書不用讀，家也散了，哪還有什麼照片？您說是吧？！」

　　錢非萬能，但沒有錢萬萬不能！

　　不是每個人都現實，但床頭金盡、千金散去，面對生活難題，再不現實也不行了！

我是虔誠的教徒，不需要保險

保險是父母為子女點燃的永不熄滅的蠟燭。是小我為民族的光發熱體。

每當有人對我說，他是虔誠的教徒，上帝或佛祖會庇佑他，不需要保險時，我會用驚訝的語氣告訴他：「你有沒有搞錯，現在不但信徒用保險做供養，宗教團體也為神職人員買保險，甚至很多經濟良好的神職人員自己都買了很多的保險呢！

信神拜佛求平安，但要個人或家庭生意順遂人員平安，則要加上保險才心安，神佛給生命奮鬥的力量。但因為業力和因果，很多事情是上天無法改變的。」

很多信徒將所買的保險受益人填給所屬的宗教，在歸天之日，留下遺愛，不留遺憾。

開明的宗教領導人，知道四兩撥千斤之道理，也知道凡夫俗子終有離去之一天，為免神職人員因病痛難以處理，用醫療險加以照顧，再用壽險把生命的價值以保險金作保證。

許多善男信女，他們可以為裝飾廟宇佛寺一擲千金，對教育或社會建設卻吝於捐輸；或為了迎神祭典，花費終年辛勤工作所得而不覺心疼。如果宗教領導人能用現代化的保險金捐贈，則信徒欣然投保，同樣的錢，卻增加了十倍以上的價值。一部分家用，一部分給宗教。

宗教使人們心靈有所寄託，讓精神為之寧靜，對未來充滿喜悅信心，處事謙和慈祥。若想常保無憂無慮，除靠修持之外，保險是解決煩惱的妙法。

不要太依賴上天，若是每個人都依賴上天，上天勢必分身乏術。人人常自我期許回饋社會，社會自然更加和諧，而保險就是最快的回饋方法。

保險是人間大愛。不買保險就是沒有盡心盡力，沒有盡到最後一點努力。保險是夫妻老年相互扶持的拐杖；是子女獻給父母永恆的孝心；是父母為子女點燃的永不熄滅的蠟燭。是小我為民族的發光發熱體。

保險期間太長了

保險公司為何做得到高額理賠？因為在您第一次繳款的時候，它就要求您做長期的規劃。

存款如果利息好，恨不得越長越好。貸款如果利息低，恨不得越長越好。保險如果時間長，利率一定拉高，保險額也拉高。如果投保短年期，利率不可能高，保額甚至還比保費低。

這些觀念大家都知道，但實際上很多人卻沒辦法接受長期的觀念，為什麼呢？他們嫌時間太長，領回時沒有價值等等一大堆理由。

其實保險公司不反對客戶投短期保險。因為投保的期間短，保險公司承擔風險相對低，時間到了，滿期金一領走，他們就不再負擔責任。

機器、汽車的使用年限必須按年份分攤折舊，保證年限一定不會很長，因為東西用久了，自然會老化，會磨損，為了維修，費用肯定很高，所以業務員及出產廠商不敢把保證使用年限設定太長，人也是一樣，年輕時毛病少，年老時毛病多，醫療消耗大，而且接近報廢的時間也較近。

因此，投保的時間越長，所能享受的利益越多。如果在身強體健時，把無窮活力的生命託給保險公司承保，卻在年老力衰時，將危機重重的身體交付給自己。以投資眼光來看，是否錯得太離譜？

在越年輕時買保險，不但保費繳得少，而且保險期間長，可將保費分攤得比較低，保障期間更久，是非常划算的。

買的是短期保險，期間到了，想繼續投保的話，保費不但要因年齡再調高，而且能不能保，還要看保險公司對您當時的身體及財務狀況研判後，才能再投保。到時候您已喪失了絕對的自主權，只能任憑保險公司決定，這和長期投保的差異太大了！

要做命運的主人，保險一定越長越好，最好是終身有效更好。

一張薄薄的紙就要收這麼多錢

越是昂貴的東西，就越是需要用紙來襯托和顯示它的價值。

經營古文物公司的王董要投保了，但他邊簽名還邊叨唸著：「什麼都沒看到，一張薄薄的紙就要收這麼多錢，太貴了。」

我一邊點頭，一邊指引他該簽字的地方，已經要成交了，大意不得，但也不能不回應。

「王董您講得太有道理了，一張紙就要收錢。不過我們來看一看，便宜的東西，廉價的物品便無需用紙來證明，如一般家用品。越是昂貴的東西，就越是需要用紙來襯托和顯示它的價值。像您經營的古董、藝術品、房地產。非但年份、標的大小、來源、內容，都要記載得一清二楚，甚至相關的權利義務也都要詳細記錄得鉅細靡遺。

保險尤可貴，只要付出十分之一甚至百分之一的代價便可擁有全部的價值。所以儘管是薄薄的幾張紙，它的重要性及權威度都是值得珍惜和重視的。」

王董笑笑地沒作聲，當然他最清楚一張紙的價值的。他不過隨口講講罷了。

話雖如此，對客戶需要常提供一些紙給他安心，讓他知道東西買了之後價值在增加中，如保單權益的增值。公司經營動態、市場狀況、行業資訊及客戶需要知道的各項消息，甚至在年節生日提醒他的保障需要再提升等。

當然也可以用手機、電腦、IPAD傳送資訊，但是有形的書面資料給人的感受是不一樣的。

不要小看一張紙，其功效很大的。保險人要在這行業屹立不搖，不但不能偷懶，還要能加值服務。

聽說保險要買八張，為什麼？

留下遺愛不留遺憾，可將生前的心願，用保險在身後將善行如願達成。

我在很多的場合不厭其煩地勸大家，買保險要知先後，也要為重要的對象買保險。但往往有的人說，我已經買了，幹嘛還要再買？

我們來看看到底保險為誰而買，買幾張才合理？！

❶ 保險的第一張是為父母而買。父母之恩最難回報，為盡人子之孝道，世事難料，意外橫禍難說，萬一走的是年輕人而非老人，讓白髮人送黑髮人，這就是大不孝。不能期望有保險而無事，但最起碼有保險就少一點心事。

❷ 第二張是為配偶投保，夫妻之情最親。但總先有一人折翼，若羽翼未豐，責任未了，走的人無辜，留下的是痛苦，不要留下苦難，要留下倚靠。

❸ 第三張為子女投保，不要讓子女輸在起跑點。要替小孩準備學費、創業金。這也是未來他接班時重要的資源來源。

❹ 第四張為銀行投保，保房貸之風險，只要是華人，都要有屬於自己的一片天、一塊地。但大部分是用貸款，貸款若沒有防患的機制，若萬一事故發生，辛苦得來的資產將變成泡影。

❺ 第五張醫院投保，病可以治，但沒有錢卻難療癒。準備大病險、看護金。這是去險得福之道。

❻ 第六張為國稅務機構投保，國家社會要建設，但有誰能坦然接受一生的打拚，身後不能完全被下一代繼承呢？

❼ 第七張為安養院投保，為自己的尊嚴著想，保險金有最大的保值功能，先投資在老年可以安住的安養院，現在已有保險公司自行開發大型的安養村，這是對客戶的好福利。

❽ 第八張為上天投保，留下遺愛不留遺憾，可將生前的心願，如要蓋希望小學、幫孤兒院、老人院或教堂、寺廟，在身後將善行如願達成。

在知道每張保單都有它的功能和目的後，你還敢隨便買嗎？

我不知道怎麼買？

保額等於十年的生活費用加上負債額，保險費是年收入的 7% 至 10% 左右。

　　小劉準備要脫離光棍族了。在結婚前，他想買保險是負責任的表現，但是不知如何著手。

　　我當時給他以下的建議——

　　買保險有一個公式最為簡單，那就是保額等於十年的生活費用加上負債額，負債額是將房屋貸款、汽車貸款、各項費用和其他的貸款加起來。這意謂當家庭的收入突然中斷時，仍然還有一筆資金可以作為你維持相同生活水平五年的生活費作為緩衝。

　　保險費是年收入的7%至10%左右，這樣子的支出應該不會影響到家庭正常開銷。但這只是一個基本的計算方法，還要配合實際狀況和時機加以調整。

　　所謂實際狀況就是衡量自己最需要哪些保障，如房屋貸款保險、工作能力補償金、醫療保險或家人醫療保險等。而時機則是依據創業、結婚、生子、旅遊、退休等不同時期的目的，適度加保或調整。

　　年輕時不妨購買保障利益大於儲蓄或保值性的保險；中年時必須考慮到退休時的生活需要，還有夫妻中一人先身故時倖存者所負擔的費用及晚年所需。

　　平時多少也要注意保險界的最新動態，對自己保險的權益多留意，最好每半年檢討一次所有保單的保障是否仍足夠，要不要有所增減，不足的地方立即增加，以免萬一需要時蒙受損失而抱怨，刪除不必要或重複的項目，以免支出無謂的保費。

　　總之，保險是必需品而不是觀賞物，不要買得太少而不切實際，或一次買太多而影響生活，過與不及皆非合宜，取得平衡點才是最佳保險。

保險伴我一生

如何有正確的理財觀念，是國家要盡快讓民眾了解的學問。

用政策的力量在教育方向上強調保險的意義與功能，從小就灌輸保險概念。只有透過商業機制，才能真正發展出利國利民的保障力量。在台灣，有人提出警告，健保現在虧損連連，可能在若干年後倒閉，以前王永慶也一直提出建言，若他來經營健保，不但不會虧損，還可以賺大錢。或許是這個觀念，所以中國已決心讓保險公司更加壯大，好讓民眾真正擁有安全的保障。

從小灌輸保險觀念，是全體皆贏的宏觀格局。2013年的九月份開學，中國政府在中小學的課本裡放了《保險伴我一生》的內容，內容到底寫些什麼？我們從目錄可以看到一些端倪。

初中版《保險伴我一生》目錄：第一課父母的擔心、第二課生病了怎麼辦、第三課特殊的儲錢罐、 第四課愛踢足球的中學生、第五課表哥上大學了、第六課月光族的煩惱、第七課小姑結婚了、第八課爸爸的公司、第九課醫藥費要有個著落、第十課頤養天年。

高中版《保險伴我一生》目錄：第一課人生處處有風險、第二課如何應對風險、 第三課保險的種類與特徵、第四課意外傷保險與學生保險、第五課保險與醫療保障、第六課保險與養老保障、第七課保險與家庭風險管理、第八課保險與監管、第九課保險與社會保障、第十課保險與理財。

這本冊子囊括了生、老、病、死、殘。並從對風險的認知、風險的預防、家庭及企業的責任與安全管控提出了廣泛的分析。

這幾年中國的經濟起飛，富者愈富，貧富懸殊，如何拉近差距，如何有正確的理財觀念，這也是國家要趕緊讓民眾學得的學問。有保險，國富民強。有保險，民生樂利，自然安定無憂，這是國家及民眾一本萬利的投資。但願台灣的領導階層也能有魄力去執行對民眾長期有幫助的實質措施。

保險就是你最重要的財富

你會糾結於產品名稱，是因為你沒有把保險的真正意義當保險看！

　　沒有人能不買車險，因為大家知道那是需要，是規定。

　　大家也知道，汽車保險不管你繳多多，你繳幾年、有沒有出險，你所繳的保險費是過期無效的，不能退，當然也沒有現金價值。

　　但你不會向保險公司理論，因為你認為這理所當然。

　　但為什麼買人壽保險你的想法就360度大為轉變了呢？

　　你想要像銀行存款那樣上午存，下午可以取。

　　也想像股票那樣今天買明天就能漲。你更希望像買房子一樣，買了會大漲，放著有希望，賣掉有依靠。

　　如果你依然抱持這些金錢遊戲的想法，你買的保險會產生一些後果。

　　你只聽到業務員告訴你的最高最有可能的預定利率。其他的你聽不進去，也不相信你沒有這些好處。甚至你聽了不當的業務員蒙混你的什麼保證之類的話。你的腦子裡存著這些幻影，你渾然不知保險真正的意義和目的。

　　而醫療險、癌症險、重疾險，你可能都沒有，或者業務員提都不提。因為你不要不能確定可以拿到錢的保險。所以，最後雖然可能投保了，但你還是很難長期持有，因為你還是執著在短期實現，你懷疑在未來不可知的日子裡是否真的會有一筆可用的金錢？

　　你會糾結於產品名稱，是因為你沒把保險的真正意義當保險看。

　　有人說，不買保險的原因大概就這三句話——

　　第一、不知道保險金就是錢，沒把保險當成錢。

　　第二、把錢當成命，不知道保險才真能救命。

　　第三、把買保險當花錢，不知道是沒事當存錢，有事變大錢。

　　正視保險，就像你正視你的財富，你才可以富上加富或未老先富。

保險就是金錢的一種存在狀態

保險是黃金當作磚頭賣，鈔票當作草紙灑的偉大公益，你是不是更要清楚知道你存在的價值。

保險業做久了，看了也辦了很多的理賠案例。有時候真的搞不清楚為什麼有人會不相信保險，拒絕買保險。

我對業務員說：保險是黃金當作磚頭賣，鈔票當作草紙灑的一個對客戶最有利益的生意，怎會賣不出去呢？

保險是最有保險的錢，保險就是錢存在的真實狀態。保險和別的金融工具是一樣的。但是從安全性的角度來看，保險可以說是最好的、最有價值的。當然還是有一些例外。如退保損失，如投資型保單的投資失利，或投保醫療險、意外險一直平安用不到。

投資不能保證沒有風險，有可能變多，但也可能變少（虧損），甚至變沒有（破產）。人們對那些風險很大的投資毫不懼怕，拿著錢頂著鋼盔往前衝。但卻害怕保險。其實保險是最安全的錢，除了投資型保險和純保障型保險例外。

為何怕保險，無非印象中，保險要等很長的時間才能拿錢回來、中途解約會損失，還有是業務員來找你，來跟你談你不喜歡聽的；你會生病、你會意外、你會得癌、你會得重病。又常聽說這不能賠、那不能賠。你聽得很煩，所以打從心裡排斥保險。

但如果能冷靜去思考，生老病死殘是人生必經之路，如果一路好走也就罷了，或者經濟實力強，沒有什麼好怕的。但變數實在太大了，還是要有一些風險準備為要。

保險是理財，也是投資

保險是拿沒出事的人繳的保費賠給了出事的人，保險金分攤到每一個沒出事的人身上。

　　如果談投資，用保險的利率來看是不值得的。但是投資有風險，高收益跟隨著高風險，不保證投資效益。

　　保險雖然不是投資，但在風險部分而言，他也帶有投資意味。如某人今天買了一份保險，萬一明天或者後天就發生了事故，保險公司賠給他的錢將是他今天所花的錢的很多倍。四十歲以下的人，用年繳的保費對比，將不低於十倍，用月繳來看，更高達百倍以上。

　　常看到客戶在計算所買的保險投資報酬率是多少，甚至業務員也用數字在引導。利率多少、分紅多少、增值又多少等等。這做法忽略了一個最重要的因素，保險的本質還是在要提供保障，而保障是要成本的。

　　我們來想一個商業常識問題：買了一張1000萬元的重大疾病險，剛繳了一年保費就得了病，保險公司要賠償1000萬元，保險公司是商業機構而不是慈善機構，那它從哪裡拿錢來賠？

　　這是拿沒出事的人繳的保費賠給了出事的人，分攤到沒出事的人頭上。所以要想投資賺錢就不要買保險，買保險賺錢的可能只有一個，就是發生事故。換句話說，保險費是不可以計較的，能計較出來的就不叫保險。

　　很多人因工作的關係享有保險福利，看病可以報銷，覺得沒有必要再買商業保險。但到六十歲退休的時候，才得知公司買的是團體保險，只提供在職者，不包括退休人員。只好又詢問各保險公司，想重新給自己買一份醫療險，但得到的回答都是：已經超過投保年齡，無法承保或條件很差。

　　想到退休後沒有了保險，而身體狀況此時正開始走下坡，可以說是「一步一步走入死亡的界線」，心有不甘，但又奈何。真是「千金難買早知道，萬般無奈想不到。」

保險提供了一個人的最後費用

不是人情淡薄，而是社會現實！保險讓未亡人下半輩子有著落，功德一件。

我一位南部的同事黃副總，2011年時一直廣州台灣兩邊跑，因為他的親弟弟得到嚴重的肝病要換肝。經過大半年，也真幸運，換肝成功。這哥哥照顧他沒話說，時間先不論，錢就用了一百萬，不是台幣，是人民幣。

有些不夠理智的人說，保險是死了以後才給錢，我自己又享用不到，所以我不會買。但我們可以設想：像兄友弟恭的黃副總是千中難取一的。一個人如果得了這麼嚴重的病，需要台幣五百萬元的治療費，此時他如果向他的親哥哥求助會是什麼結果呢？

他哥哥可能非常願意幫他，可是他的嫂嫂會同意嗎？因為她知道這筆賴以養老的錢有可能永遠都拿不回來了。但如果這個弟弟早就有一張500萬元的壽險保單，結果又會是怎麼樣呢？只要他把受益人變更成他的哥哥，就如同質押一樣，他的大嫂也就沒什麼好說的吧！

不是人情淡薄，而是社會現實，曾有一件真實故事，先生罹患不治之症，太太苦不堪言，想一走了之，先生告訴她，他曾經在事業鼎盛，資金充裕時，背著她買了一張高額保單，金額好幾千萬，如果這一走，他會公開徵求願意照顧他的人，越是讓他覺得被照顧的有尊嚴和舒適，受益金就越高。所以離開他是不聰明的，何況時日也不會太久。這位太太一聽有道理，不走了，反而細心照顧他，三年後先生離開，但這位太太的下半生也有著落了，這也算是保險的一個神奇吧！

保險可以兄友弟恭、可以夫妻共結白首、可以父慈子孝、可以同居人情義長存，太多的狀況可以因為有保險而產生奇蹟，不！天底下沒有奇蹟，任何事都是累積。要有神通，先把觀念打通！

Reason
020

政府對於保險支持嗎？

一個國家在邁向經濟強盛之時，保險之力量絕不可忽視。

　　台灣的金管會保險局對保險界的監督可說不餘遺力，為的是讓保險在正規的管理下達到全民確實受到保障的承諾。

　　有人問我，中國政府對於保險的看法如何，支持不支持？

　　我敢說，雖是後發，但支持的態度更是積極，好多的政策都對保險直接推動。這在台灣和很多的國家都看不到的。以下我舉幾個大陸政府對保險的積極作為。

　　如2013年1月1日，中國保監會投資億元公益廣告《保險，讓生活更美好》在央視播出；接著當年7月8日定為中國第一個保險宣傳日，並定名為全國保險公眾宣傳日；9月1日，保監會及教育部聯合推出的保險意識讀本《保險伴我一生》正式進駐初、高中教材。

　　《保險伴我一生，中學生保險知識》一書是為推動保險教育進入中小學課程，普及保險知識，提高學生風險和保險意識，由中國保監會、中國社會科學院、英國保誠集團聯合編寫的。

　　近年來，中國保險業的發展突飛猛進。無論是保險從業者還是普通老百姓，都充分地感受到了保險為大眾的生活帶來翻天覆地的變化。保險，不僅已經深入人心，更成為百姓的生活必需品之一。

　　為什麼國家會如此重視保險。因為一個國家在邁向經濟強盛之時，保險之力量絕不可忽視。尤其中國很快會成為世界第一經濟大國，社會安定、風險去除、老齡安養、教育資金。皆須要用保險來維護。所以國家才會如此高調倡導，這在整個先進國家都是非常少見的。

　　政府如果能用積極的力量去鼓舞民眾參加商業保險，雖然看來是圖利民間企業，但事實上卻是藏富於國，讓社會更安定。尤其保險公司為了實現對保戶的承諾，還本、增值、理賠。必須不能官僚地去創造所收到的保費的價

值，進行的投資必須在政府的監督管理下安全、有效地開創。所以，保險費收越多，社會建設必然更進步，國家也越有實力，這是科學化的共贏機制。

政府也明白，光以公務人員的力量來從事未來龐大民眾的養老和醫療照護是難以勝任的。

所以用民間的商業保險力量去發揮龐大資金的應用和增值，讓民眾得到最安全的庇護，這是聰明和有眼光的作法。

在百多年前，即有明智者說：「保險是20世紀最偉大的發明！」20世紀如此，21世紀更是如此！

Chapter 2

迷思篇

正視眼前的問題

傻瓜才說保險好？

你相信保險公司，或者不信，大病就在那裡，逐年遞增。

準客戶在你提了一堆有利保險的說詞後，很可能因不知道如何反駁，乾脆就說：「傻瓜才說保險好，我自己多小心一點就好了。」

你可以用流傳在網路上的一篇文章說：「沒錯，你投保，或者不投保，都沒關係，總之保險業就在那裡，蓬勃發展，這代表什麼？雖然有人反對，不能接受，但投保的人逐年增多，逐漸把安全的護網繫得更大、更緊。

用保險作教育基金準備，或者不準備，教育金就在那裡，不繳就不行。

或者你相信保險公司，或者不信，大病就在那裡，逐年遞增。

你看看電視或報紙，或者不看，意外就在那裡，每天發生。發生意外或大病，總要治療，總要付費，有的人付的是分期繳納的保險費，有的人付的是心不甘、情不願的醫療費。

你可能活得很長壽，或者活得不夠老，沒關係，養老問題就在那裡。活得不夠老，生活費不緊張，大家都安心。活得太老，生活費緊張，大家都擔心。若是人活得老，身體不夠好，醫療費、照護費太高，大家都懊惱。

你會計算，或者不會計算，社保就在那裡，杯水車薪。要用沒啥尊嚴，不用自己要張羅高昂費用又太心疼。

你愛你的愛人、家人，或者不愛，責任就在那裡，重於泰山，你不擔，總有人要擔。

你接受也罷！不接受也罷！如果你沒有高資產，就沒有遺產稅的問題，但對高資產戶有那麼多錢心有不甘，他們要繳稅，你認為合理。但你若也是高資產戶，要繳高稅金，卻又好像繳得不情願。」

說買保險最傻，就像是不相信自己會生病、會發生意外，一切靠自己，但當不巧發生意外、疾病時，呼天不應、叫地不靈，你說，他到底是聰明還是傻呢？！

一切都是命，保什麼？

搭民航機墜落，雖死猶榮，「轟轟烈烈」世人皆知，還可得到最多的理賠金。

　　常有人說：「一切都是命，保什麼」。話說的沒錯，如果一生都是命，保險有何用？

　　人皆有一死，有重於泰山，有輕於鴻毛。什麼是輕呢？生時對家庭沒有好的維護，死時沒留下資產，甚至還留下負債。更嚴重的是，死未得其時、未得其所，也沒有準備最後的一天來臨時，要怎麼辦？

　　怎麼說呢，自殺的人一走了之，走了也罷，但萬一自殺未成，喝農藥灼傷了喉管胃壁，跳樓未死變成終生癱瘓需要家人照顧。甚至放火延及隔鄰，跳樓壓傷路人，這都還要付出重大的賠償。

　　還有開車撞山壁自找死路，車子掉入大海沒人賠，這是倒楣的死法。

　　如果是搭民航機墜落，雖死猶榮，一者「轟轟烈烈」世人皆知，二者可得最多的理賠金，保險公司要賠、航空公司要賠、信用卡刷卡付費要賠、自己買的壽險要賠、自己買的意外險加倍賠、公司團保賠、勞保賠……該賠的都不囉唆，如果買的不只一家，保險公司還會比賽看誰賠得快。

　　影星張國榮跳樓死了，有3000萬港幣的保險賠付，是重於泰山。梅艷芳、鳳飛飛、鄧麗君也有不少保險。這都讓活著的人欣慰。

　　但也有很多人死了，一分錢都沒留給家屬，或者只有一點點的保險金，沒留保險金也就罷了，有的還留下債務，那生命就更輕了。

　　有的人雖活著，但像已經死了一般；有的人死了，卻還活著。

　　什麼樣的人活著，卻像死了一般。三四十歲沒工作、流連網咖，依靠爸爸媽媽吃飯要錢，喝醉了還打爸爸媽媽，這種人跟死了沒什麼兩樣。不過他若有一點羞恥心和責任感，趕緊買一張保險吧！受益人就填雙親。

　　因為保險可以做到：生死都有錢，怎麼樣都有錢。

Reason

023 | 保險千萬不要等

醫生只能救人的生理生命，卻不能救一個人的經濟生命。

　　我經常受一些社團的幹部邀請去談保險。我都會苦口婆心的勸導——千萬別以種種藉口當托詞來遲延買保險。例如：我有健保、我要跟老婆商量一下、我要跟其他公司產品比較一下、對國內的保險公司不放心、二十年後錢貶值、繳費期間沒發生理賠等於浪費、等到結婚後再考慮等等。

　　我說，趕緊買吧，因為你還可以買。最悲哀的是，當你出了事，想買，但是保險公司不理你了，不論你用什麼人情、關係。保險公司是公事公辦，誰都不敢循私的。所以為什麼保險不早買？一定要等呢？

　　所以買保險千萬不要等！

　　先從人壽壽險開始，再加健康險，健康險含括了癌症險、重疾險。

　　以下幾種情況是買不了健康險的。

　　1.已有狀況的人買不了或要加費。

　　2.年齡超過不能買。

　　3.孕婦7個月以後至嬰兒出生一個月內不能買。

　　5.全職太太有額度限制，不是有錢就想買多少。

　　6.財務狀況不良的不能買太多。

　　7.已買了很多其他保險公司類似商品的不能再買。

　　醫生只能救人的生理生命，卻不能救一個人的經濟生命。買了保險至少可以救自己、救家人，更希望救到更多的生命。

　　一個癌症患者的生命需要五年或更長的時間康復，但這五年可以拖垮心情、事業、家庭，成為家人永遠的痛。

　　保險不只是醫療險，是能補償工作收入損失的保險，還是生病以後還能讓自己保持正常人尊嚴的一種險！

Reason
024
保險讓人生不再有假如

死亡、車禍、火災、癌症是不是意外？發生在別人身上是意外，發生在自己身上是災難。

　　沒有保險的人，躺在醫院的病床上就只能說假如當初有買保險，這次的醫療費就可以申請理賠了，但可惜沒買。

　　孩子上學的學費張羅不出來，就說假如當初出生就給他買了保險，學費就不愁了。保險會讓一切意外都變成感恩。

　　死亡是不是意外？車禍是不是意外？火災是不是意外？癌症是不是意外？這些意外發生在別人身上是意外，發生在自己身上是災難。

　　但如果當時肯聽業務員的話，多一點心思去了解保險，挪出一點投資股票的錢，少一次出國消費的費用，那些錢現在已不見了，但如果當時買了保險，這些錢長大看得到，而且在意外發生時，意外成了驚喜。

　　住院的津貼、手術費、雜費，這算是小津貼，最不願意發生的重大疾病，如心血管疾病、腦中風、癌症。沒有人會喜歡生病，但保險可以給你帶來意料之外的大額給付。

　　假設人生七十歲才要上天堂。辛辛苦苦工作半輩子，買房，送小孩留學出國，可是一個疾病立刻將計畫打亂，把存下來的錢用掉，甚至還不夠。

　　沒有準備保險，就得把預定用半輩子才能存到的錢一夕用完。但若有保險，他只要儲存幾年的錢就可以在發生事情的時候得到一輩子才能累積得到的錢。

　　平時不起眼的錢，看不上眼的錢，在發生事情時，他就會知道，保險給他的好處是會讓他太意外，太驚訝了。

保險就是打開家裡每道門的鑰匙

別把自己反鎖在屋裡時才要到處找鑰匙，其實鑰匙早就在你手裡。

　　國壽嘉興業務三巨頭，蔡新、潘金妹、鄔旦梅2013年九月初到台灣參訪，他們都有從業十多年、累積四五千個客戶的驚人成績，在分享時受到讚嘆和驚訝！他們都有屬於個人的獨特行銷模式，成功的特質是充滿能量的熱忱和專注。我注意到他們在微信發布的資訊都有讓人矚目的本事。

　　鄔旦梅在九月中旬發布的一篇「保險就是打開家裡每道門的鑰匙」，我覺得有推廣周知的價值。

　　──別把自己反鎖在屋裡時才要到處找鑰匙，其實鑰匙早就在你手裡，社保就是社區大門，但這大門不牢靠，小偷光顧很容易，一蹬就進去。

　　壽險是自家防盜門，防止肖小進入的。

　　養老險是臥室門，專款專用，保證自己晚年生活。

　　教育險就是兒童房的門，未來一定要出的一筆開支。

　　醫療險就是衛生間的門，一生中開關頻率最多的一筆現金。

　　醫療補助金就是廚房的門，住院時會自動增加營養與醫療的額外津貼！

　　講得有道理吧！除了這一篇外，當天鄔旦梅也發布了讓人於心不忍的信息。──客戶住院的帳單。「昨天看到客戶住院的帳單，小腦溢血動手術，住院20天，花了15萬，往後也很難正常工作了，醫生要他放心沒說他可以活很久！醫生這句話最讓他萬分擔心，他說他現在50歲，可以活到70或80歲，但生活費哪裡來，也是糖尿病患者的妻子安慰他說：走一步算一步吧！」

　　「保險真的是打開家裡每道門的鑰匙」，有了保險，不保證沒事，但保證出事時能得到補償，保險就是這麼真實。

我不需要保險

泰戈爾說：保險讓生者擁有不朽的愛。對企業家庭，總是多一點關注、多一分的愛。

　　王先生事業有成，要他買一份保險，他卻是一直反對保險。有一次，我感嘆地對他說：「王兄，您一定想：『我這麼小心的人，而且就算真的有事，留給家人的錢也不少，幹嘛浪費錢買保險！』我絕對相信你的謹慎小心和財力，但很多事情卻往往是情非得已。我看過很多有錢的人在發生事故後，家人在後續處理上灰頭土臉的過程。因為不動產會動彈不得，先前已投入的資金一下子回不來，但各項開銷還是要運轉。

　　「如果發生事故不是自己的責任，如飛機事故、車禍、公安事件，家人就會希望有保險來回饋最大的損失。」

　　「怎麼辦呢？」王先生問。

　　我回道：「現代交通工具速度越快，事故發生時，災情越慘重。而每次一災難發生後，罹難家屬一定有三階段反應。

　　第一階段是人命最重要，用什麼都換不回來，其他的談都不用談。

　　第二階段是殘酷的事情已成定局，該負責任的對象能賠償多少？

　　第三階段是反彈，賠償對象為什麼責任這麼輕？沒有誠意處理嗎？不是有保險理賠嗎？為什麼還不快點理賠下來？有什麼管道可以爭取到最高賠償？

　　雖然誰也不喜歡保險，但在必要時，歡迎都來不及了。」

　　王先生說：「你講的沒錯，但我不是在家裡就是辦公室內，不常搭飛機、不用出差。安全性高，難道還需要保險嗎？」

　　我說：「你需要保險我不敢說，但在您的辦公室或家中，總有一些東西不常用卻不得不準備，像是牆角的滅火器，或許過了使用年限都沒派上用場。小偷雖然不一定會上門，你能放心地不鎖門嗎？每家保險公司的死亡理賠率，總在0.15~02左右，這表示每一年一千人當中會有兩個人不幸身亡。試

想，有保險的人比率如此，沒有保險的人出事率也絕對不會低於這個數字。

泰戈爾說：「保險讓生者擁有不朽的愛！對企業、對家庭，總是多一點關注、多一分的愛。」不然也可以將保險留給希望小學啊，或什麼慈善之家啊。留大愛在人間，總比無人聞問好吧？！」

那些會說「我不需要保險」的人是最自私的人，是沒有體諒心和責任感的人，也可以這麼說，沒有保險的人，對父母親不孝、對國家社會不忠、對妻子不仁、對兄弟朋友不義、對自己不信，因為缺了這些保險，他已鑄下了大錯，留下了可能難以彌補的千古遺憾！

有四種人用不到保險

一個人從出生就開始花錢，直到死亡。但掙錢卻只有區區三、四十年。

這篇文章是從網路看到的，我把它做個整理。

做保險業務的，常會聽到他的準客戶這樣說：「我不需要保險！」、「不要和我談保險，吃飯、喝酒都可以，我不要買保險。」好吧！既然有人說他無須保險，他是否真有資格說他不需要買保險。

1 能保證自己和家人永遠不會遇到任何意外的人

有的人一輩子非常順利，可能是祖上積德，到他這輩正好受益，於是任何意外都不會在他身上發生，而且他還能保證家人也不會發生任何意外。

這麼順的人，這麼順遂的家庭購買保險實在是個浪費！

2 能保證自己和家人永遠不會得病的人

有的人身體很好，從出生到死亡從沒吃過藥、打過針，更別說住院了。他在活著的時候就保證自己將來一定是壽終正寢的！他的家人也和他一樣健健康康，在他活著的時候和去世以後，他都能保證與醫院、藥局不打交道。

另外他還必須保證永遠不會死亡。這種人買保險也是浪費。

3 保證自己永遠有賺錢能力的人

正常情況下，一個人從出生就開始花錢，直到死亡。但賺錢卻只有區區三、四十年。如果自己在能賺錢的時候為自己準備了一筆足夠的資金，那到老時就可以怡然自得頤養天年，不用擔心生活費用不足，也不擔心子女是否奉養、孝順與否！最好的狀況，你永遠有賺錢能力，你沒有缺錢的問題。這種人，也是不用買保險的。

4 對家人不用負責任的人

經常會遇到這樣的人:「我才不買保險呢,死了把錢留給她們,到時老婆嫁給誰,孩子跟誰的姓還不知道呢。」

這樣的男人該打!老婆有自立能力,孩子呢?父母呢?連生養你的人和你生養的人都不願意負責任,活著賺錢幹嘛呢?給這樣的人當老婆和孩子真是悲哀!

如果你是這四種人中的任何一種,那真的不需要買保險了。如果你不是,那保險就必須要買,而且還要買對、買得周全,這樣才能保證生活得更好。

這篇文章值得給那些說不用買保險的人好好思考思考。

朋友說保險不能買

他一定很關心您和您家人的安全問題，如果他願意代替我們承擔這些責任，請他給您承諾。

這世間總有一些好事的人，明明對己無益，對人有害，他卻是好管閒事，好發謬論。

保險業務員的最恨，應該是談到緊要關頭時，不相干的人出口阻擋。或者是當事人已決定要了，身邊的親朋卻是講東講西。

吳董買了一張年繳十萬的兩百萬終身壽險，錢收了，體檢做了，過了幾天，保單還沒下來，他來了個電話，說是他朋友馬先生告訴他保險不能買。

「您的朋友馬先生說保險不能買？」我問他。

「對啊！他說保險沒有用，傻瓜才買保險，一年花十幾萬買一堆紙不值得，叫我趕快把已繳的保險費要回來。」吳董說。

我是這樣處理這個事件的。先同意他的說法，因為電話裡很多事是講不清的，所以先不要和客戶爭辯。

我在電話中是這樣說的：「請您的朋友到公司來，我要當著您和他的面告訴他，是他要您不要買保險的，我可以同意不辦您的保險，但我希望他也能同意一件事，請他收下您原來要買保險的這些錢，拿出白紙寫下一些保證的事情。

- 保證您以後的安全由他負責；要是因生病或自然因素導致的生命事故，他最少要賠償兩百萬，意外身故他要賠償七百萬，醫療費用由他支付；
- 癌症除了醫療費用外，並補助每天的營養費；太太小孩的疾病醫療包括意外及癌症統統由他打理；
- 意外造成工作停頓時，收入的損失也要由他補償。

他是您的好朋友，他要您不能買保險，他一定很關心您和您家人的安全問題，如果他願意代替我們做這些責任，請他收下這十萬元，並給您承

諾。」

　　電話掛斷後，不知道吳董是不是照著我的話向馬先生提出，但是吳董以後再也沒有向我說保險不買了。

　　我猜想，吳董可能是向馬先生講了，馬先生當然不敢做這樣子的承諾，也或許吳董根本沒向馬先生提出這一段話，因為他知道馬先生絕不敢承諾的。所以吳董還是理智地讓保險公司來負責確保他的權益。

以前的人沒保險日子都過了，我何必買？

環境、人心已被汙染，未來我們的下一代生存更嚴峻。

　　保守的人會說：「以前的人沒有保險日子都過了，現在為什麼要我買？」沒錯，以前哪有保險，保險不過才發明幾百年。雖然以前沒有保險，但有義學、義莊，那是保險的另一種型態。

　　會這樣講的人大部分從鄉下上來，而且刻苦磨練起家，對自己有無比的自信。你可以這樣回應：「鄉下是不是親戚都住在一起？」

　　「當然！整個村都是親戚，少說也有幾百戶。」他會很自傲地回答。

　　「哇！不得了，你們比保險公司還偉大，整村都是自己人，婚喪喜慶也不用找外人協助，親族裡有人發生困難，大家稍微資助一下豈不沒事了。」

　　「沒錯！」「那時候物價也低，孩子生一大堆也不怕養不活，不像現在，小孩子要學鋼琴、英文、作文、心算等課程，家長費心又費錢。」

　　「對！對！」「可惜時代變了，你們鄉下的親人都還在嗎？」

　　對方只好感傷地說：「早就散了，老家現在只剩下老人和小孩子了。」

　　「其實不只是您們親族如此，現在一家大都三口人。以前大家庭的互助力量現在都不存在了。每個人要買房子、買車子、生孩子，都有一堆負債，遇到困難，大家其實都愛莫能助。至於物價高漲、費用擴張、賺錢不易更不在話下，若是小家庭中的夫妻有一人出事，另一個將如何是好？所以保險可作為社會轉型中的輔助工具，只要大家把以往互助的費用挪一部分來買保險，您說是不是……」

　　未來我們的下一代生存更嚴峻，加上環境、人心已被汙染，癌症和不知名的重疾在威脅我們。是不是應該為下一代著想，不要讓他們活在恐懼和擔憂，盡早為他們儲存各項費用，讓他們的生活不要有太大隱憂。

死後錢是別人領，那為什麼要買

在病床上拖死拖活的好一段時間。受罪的是誰，龐大的費用誰來付？

世風日下，有些人的孝道和感恩之心不見了。

我在老張的公司泡茶，幾位業務員從外面回來，一位比較積極，和我換了一張名片，看了名片一眼即說：「保險我不用，我沒結婚，自己一個人，爸媽有退休金，死了錢給別人拿，對我沒有好處！」

我隨即說：「你怎麼可以這麼說呢？」並提醒他：「你實在太不孝順和不負責任了！如果你爸媽現在在這裡，聽了你這樣講，心裡做何感受？」他不敢吭聲。

「他們養育你一、二十年，受盡千辛萬苦，苦自己、省自己，好的總想到給子女。他們有圖什麼嗎？只不過希望有那麼一天，你能出人頭地，在社會上創出一番局面，期望到了晚年，你可以照顧他們，他們能享受含貽弄孫之樂。」客戶和他都注意聽著。

「我也知道，這個社會競爭太激烈了，要出人頭地也真難。但你想想，在未成功之前，若是碰到什麼意外，或者環境和飲食讓我們罹患了奇奇怪怪的大病。可以馬上走，那還算好，不讓他人麻煩，頂多籌措一筆費用料理後事罷了。但麻煩的是，通常不會立刻就走，有時在病床上拖死拖活的好一段時間。那麼，受罪的是誰？龐大的費用誰來付？……」

話還沒講完，他很快插嘴說：「公司已替我辦了勞保和健保！」

我說：「誰沒有勞健保？但這只不過負擔一般醫療費用。家人不會去找昂貴的特效藥嗎？還有看護費用呢？要是萬一治療無效，對身故給付賠多少呢？夠不夠處理善後或回報父母養育之恩呢？」

父母恩最難報，如何回報應仔細思量。人在危急時，會想到有父母可以依靠，但是否該想想，你有危急時父母要依靠誰呢？

錢會貶值，不要買保險

最怕貶值的東西其實不是保險或財產，而是一個人的能力。

　　一位保戶說，保險沒價值，二十年前他買了十萬元的保險，當初十萬元還感覺滿大的，可是辛辛苦苦等到滿期後領來十萬元，卻覺得什麼事也不能做，所以他認為錢會貶值，千萬不要買保險。

　　我分析給他瞭解：

　　沒錯，錢的價值通常會貶值，投保時預計未來可領回的錢會比較沒價值，但別忘了，已繳的錢也會跟著貶值，保險公司不會因為通貨膨脹而調升保費，所以，比較之下其實也沒有吃虧，還可能賺到好處。

　　因為現在的保險都採取增值的方式，如果每年付五萬元，約定保險金額是一百萬，五年後，您仍繳五萬元，但是這保險金額可能調升到一百五十萬元了。十年後您還是每年只繳五萬，但保險金額可能提升到兩百多萬，如此一算，是不是很划算呢？

　　再說保險是反應一個人的價值和身分，所以當您的保額因通貨膨脹的緣故，使得價值跟不上身價時，應該自己再加保，以符合需要。不要認為買了一張保單就可以使用一輩子，這是很危險和不切實際的。

　　如果擔心金錢的價值會貶值，最科學的方法是去評估，如果二十年後會貶值多少，你在買保險時，是不是就考慮多保、或是買增值保單。讓在那預估的時間來到時，得到你約定的金額。

　　當然保險的功能也不只是儲蓄而已。是一個家庭因一家之主突然撒手而走，沒有留下足夠的生活費用時，他的家人一定很渴望有一筆錢去應付面前的開銷，而此時，不管是多是少，最重要是能見到錢。保險理賠金就是一筆可以保證的錢。

　　假如沒有特殊的狀況，通常這筆預定金額可以在被保險人出事後，很快送到受益人手中，這和其他財產不同，其他財產的價值往往不易掌握；而且

除了保險金外，財產都要接受課稅。因此擁有一張和財產相匹配的保險，才能使財產不致因外在因素和稅金而貶值。

事實上，最怕貶值的東西其實不是保險或財產，而是一個人的能力。

當能力受損的時候，才是他生存受到威脅最需要援助的時候。保險的助力，或許就是他力圖振作的最好依據。

發生事故，有保險或沒有保險，日子一樣要過。

但沒有保險，生活會變得黑白黯淡，有了保險，生活可較為明亮、有希望。

科技時代，頭腦要與時精進，千萬不要停留在農業時代，隨遇而安，碰到事故再說，那是很愚昧的行為。

錢拿去投資，利潤還比保險高

保險的缺點是不能短期回收和產生厚利，但優點是沒有利益風險。

　　梁小姐，她擅長經營頂級保單。有次，她替客戶計畫了年繳一百萬的三千萬壽險，臨收費時，客戶反悔了，他認為拿一百萬去投資，不消半年即可賺回一千萬，何必投保呢？

　　梁小姐沉穩地問他，能賺五百萬的人是他還是職員，客戶回答當然是自己，梁小姐即說：「既然如此，您經常得搭飛機前往各地，那必須看上蒼是否給您半年的時間去賺一千萬啊！」客戶一聽，沉默地付出保費了。

　　投資不保證回收。這是投資公司的廣告詞。如果能把風險和各種不利於投資的因素除掉，投資好像比保險好太多了。但問題是投資必須拿出本錢、付出時間、擔負風險，不到最後入袋是很難下斷言是賠是賺。這幾年因經濟風暴投資能賺錢的人太少了，所以投資不見得完全有利已是大家的共識。

　　一些理財專家建議大家投資理財時，資金要有五分法，也就是：一、不動產；二、有價證券；三、銀行存款；四、黃金、珠寶；五、保險。

　　本來還有一項是民間互助會，但風險實在太大，理財專家已不願推薦。

　　投資不動產，十分穩當，長期投資一定沒錯，但缺點在於脫手不易，也有下跌風險。

　　有價證券則短期進出投機性大於投資性，需要長期持有才不致失利，但很多上市公司以吸金為目的，常讓跟進者套牢。

　　銀行存款不易達成自己設定的目標，因太容易半途提領，且利息也低。

　　黃金珠寶永恆有價，也可保值，但無法像存款或證券可在短期內孳生利潤，也不像不動產可自己利用或收取租金。

　　保險也有缺點，是不能短期回收和產生厚利，但優點卻是沒有利益風險，在事故或風險來臨時，給予幾十倍或幾百倍的理賠給付，這是其他四項無法比擬的。

保費太高了，給我換個便宜的

拿錢買保險，不會讓您的生活變貧困，自己儲蓄這筆錢，也不見得會增加多少財富。

一般人購買保險有三部曲：

1. 投保時保費不能太高，意思意思即可。
2. 理賠時覺得不夠多，怎麼會這樣？
3. 領到保險金或滿期金時會覺得怎麼這麼少？

這是人之常情，客戶為什麼堅持要買便宜的保險時，大概有幾個現象：

- 他是你的朋友或親戚，不買不行。
- 被你的真誠打動，隨便買一下應付你。
- 有買就好了，以前沒買日子不是照過。

我會告訴他，當然他可以買保費較低的保險，可是如果買的是保額較低的險種，或許有一天真的用到保險時，就會發現這樣的金額根本無法充分滿足需求，也沒有發揮到安定生活的功能。

所謂一分錢一分貨，現在他身強力壯，這份保險的費用並不是很高，應該不至影響他的收支，何況保險本來就是預防損失，為未來生活準備資金的一種措施，每年提存一筆固定的費用，萬一發生事故時，可以給家人充足的生活費用；沒有重大事故發生時，則累積將來可用金額。

時間推進不停，若及時存進這些款項，幾年後就會擁有一筆可以運用的資金。如果有錢不買保險，儲蓄起來，幾年後一樣可以應用，這當然是一個好方法，但依世人習性，沒有強制性的存入，很少人能持之以恆養成這習慣。

幾年後，很可能會後悔當初沒有強迫自己儲蓄。更可以這麼說：用這筆錢買保險，不會讓您的生活因此變貧困，而自己儲蓄這筆錢，也不見得會增加多少財富，所以為了兼顧保險與儲蓄，唯有先投資才能在未來得到回饋。

我要向資深的業務員買

資淺的妳，因客戶還不是很多，所以對他的服務可以分配到百分之一，周到許多。

小英哭喪著臉回公司，主管問她是什麼原因。他說一個醫療險明明談好了，但今天要去簽約時，客戶不肯了，問了半天才知道。客戶嫌她年資太淺，一年不到，簽了約之後萬一她不做了，又要找別人服務，還不如自己找一位他熟識的資深人員買就好了。

小英說，比學識，比專業，她都不會輸。但比年資她就不知怎麼辦了。

我拉起耳朵聽他的主管怎麼化解她的困擾。

「小英啊！妳不會這樣跟他說嗎？妳受過最新、最嚴格的專職訓練，擁有最能證明多項知識的證照。加上妳有資深人員不如的科技化能力，妳能用電腦做最周全服務，還可以隨時提升客戶的需求和新知。

如果還是不能取信於他，妳可以這麼說，資深人員的客戶眾多，對他的服務必然只能做到千萬分之一，而妳資淺，客戶還不是很多，對他的服務可以分配到百分之一，周到多了。而且他是個企業家，也會知道培養新秀、扶植新人的重要性。保險向新人購買，不是更能促進保險業的成長嗎？保險業能成長，國家經濟繁榮。再說由於他的鼓勵，妳可以得到好的成就，妳就更能在保險業深耕經營，有一天也可以成為資深人員，為何不挺妳呢？」

不是我們見人說人話、見鬼說鬼話。而是你要能講出讓客戶聽了滿意的話。客戶說你資淺，你沒辦法說出一套你的特長、優勢，那你就真的太淺了。

每個人都有他的長處與短處，有些能改進，如談吐、學識、經驗和能力。有些是難改變的，如外表、身高、性別，你如何截短取長，你如何補充你的養分，在營業單位的會議中、在進修會裡、在保險大會裡，個個成功者都是你的老師。只要你有心，你會得到你的養分，獲取你成長的能量。

死了才有賠，太沒意思了

誰願意奉養雙老，保險受益人就是他，否則受益人將轉給願意奉養雙老的人。

　　有的人忌諱談死字，有的人說死了才能賠沒意思，有的人會責怪業務員，一大早就講保險，太不吉利了。

　　對於說「死了才能賠，沒意思」的人我會說：「人死了有錢賠才是保險，否則幹嘛買保險呢？」

　　我也會再分析——但除了死亡有錢賠外，生老病也是保險的功能，很多狀況都可以領保險金，所以保險並不完全是為別人而保。

　　誰能保證自己一生都衣食無缺呢？年輕時辛苦奮鬥，中年時成就不凡，老年時頤養成果，這是大家追求的一生寫照，可是上天難順人意，天災、人禍、景氣不振、健康受損、意外災害，處處潛伏危機。透過保險大數法則，我們不過付出一些費用，老年時多一層退休保障，生病或發生意外時多一重醫療擔待，這不是相當有益處的措施嗎？

　　除了這些大家都知道的事實外，保險還有一項很重要的功能，就是能維護我們的自尊。比如有一個人現在每年繳一點錢，萬一他突然有急用而剛好借貸無門時，可以透過保單貸款得到一筆錢，而且不用急著還，因為可以累積到滿期或身故才還。一點也不會影響到保險的利益，如果不需要貸款，滿期就可以得到預期的滿期金。滿期金可以和公勞保或企業退休金相互累積，使老年生活得以維持較高品質的生活。

　　大家都說現在的小孩比較現實，也比較不孝順父母，所以老年時不一定能倚靠兒女。為了保險起見，在有能力時不妨多買一些保險，年記大時就有倚靠，穩當而實在多了。再講一個笑話，如果擁有一張高額保單，父母可以對子女宣告，誰願意奉養雙親，保險受益人就是他，否則受益人將轉給慈善機構或願奉養雙老的人。白花花的錢誰不要呢？因此老有所養矣。雖然是個玩笑，但不也是自己可以享受到的好處嗎？

Reason 036

保險不吉利，不買沒事，一買就出事

買保險是善舉，出發點是對家人的關愛，這即是善，廣施博愛於世人。

有些人會說：「不買保險不出事，買了保險反而出事。」

其實不然，我們先來回想一下以下情況：不想見的人常常會出現在你面前。受傷的部位一直被碰到。你不認識或不想認識的人，走過你前面幾十趟；因為無心，所以沒印象。你不想見面的人，因為你對他記憶深刻，所以一見面，你就會覺得怎麼又見面了。

健康的部位，你怎麼碰都沒感覺，受傷的地方經不起碰，當然一碰就痛徹心肺。所以買保險的人那麼多，大部分的人平安無事，平安無事當然不會敲鑼打鼓地嚷嚷，反倒是千百萬分之一的人剛好買了保險，剛好出事，於是他到處宣揚，到處聲張。

其實買保險後如果會出事，保險公司豈不是虧損連連，早就關門大吉了嗎？事實上買了保險之後反而較不易出事。

為什麼已買保險的人出事率會較低呢？我認為有幾個原因：

買保險的人較有責任感。他既然能為未來可能發生的災害做準備，又能為家人的幸福著想，當然對本身的安全較為注意，甚至會趨吉避凶，不會去做無謂的冒險。

保險公司為了保護所有被保險人的權益，必須審慎接受每個申請的案件，舉凡道德因素不佳，身體機能不好，財務狀況不良者，必先予以過濾，因此一個能被保險公司接受的人，必然也會珍惜自己的安危。

從宗教觀點來說，買保險是善舉，出發點是對家人的關愛，這即是善。當然希望自己用不到，廣施博愛於世人，這是善行的高境界，眾善凝聚，吉神當然保佑，怎麼會連累買保險的人經常出事呢？

養兒育女就是保障，何必買保險

小孩長大後不一定保證能回饋，可是保險費付到預定期限後，卻是鐵定能回收。

　　孫老闆從鄉下來到都市打拚，育有一子二女。當我向他介紹保險時，他說他的建設公司規模龐大，以後子女都可接掌衣缽，養兒育女即是最大保障，何必再買保險。

　　我誠懇地對他說：「孫老闆，養兒防老確實是老有所養的好方法，子女接掌衣缽是很好的步驟，但您是否也該考慮時代的變化而增加新的預防措施呢？」

　　孫老闆說：「有必要嗎？」

　　我真誠地對他說：「孫老闆，我們先來看看幾個事實，再決定是否有此必要。

❶ 希望子女長大克盡孝道，承繼事業。但現代社會競爭激烈，穩定不易，他們接掌各關係企業，一定繁忙緊張，我建議您應該先替他們的競爭力打算一下。

❷ 保險可儲存實力，免稅，免為償債的工具，而且是固定增息，保證領回金額的重要帳戶。生意有高有低，在獲利好的時候撥付存儲也是平衡淡季時的聰明策略。

❸ 人倫觀念的淡薄已是不爭的事實，而且現代盛行小家庭，當三代共處於不是很大的房子裡時，日久恐怕會引起磨擦，代溝問題並非我們所願，但卻是難以避免的事實。既然他們將各掌一片天，我認為您就不要太期望三代同堂的好景象。

❹ 有人說人老要活得有尊嚴，尊嚴是由『老友、老伴、老身、老信、老本』所建立起來的，沒有老年的朋友，老伴先走，有沒有好的身體和自信心，在加上沒有一些屬於自己的財富在身邊，豈能活得安穩？

　　保險當然不見得能保證讓我們擁有一切，但最起碼能保證給我們一筆基

金，這筆基金讓我們在老年時可以自己支配，或者萬一自己用不到時，給家人處理『最後一件事』使用，讓自己的基本生活和尊嚴得以維持。

甚至可以這麼說，付保險費就像付小孩的生活費及雜費，但小孩長大後不一定保證個個能回饋，可是保險費付到預定期限後，卻是鐵定能回收。這樣的投資難道不值得嗎？」

中國人養兒育女是為了傳承和老年奉養，歐美人養兒育女只是因為盡代代相傳的責任。

歐美人不會把老齡安養的問題丟給下一代。他們會利用保險和社會福利把自己和下一代做個切割，如此大家沒壓力，生活也更瀟灑和得意。

時代的觀念在變，中國的一對年輕夫妻若要照顧上一代，十二個人的負擔是萬萬承擔不起的，所以為了年輕人的幸福，利用保險的槓桿作用是絕對必要的。

親友很多，就是保險了

銀行是先付費後享受，保險是先享受後付費。保險是雨天有傘拿的地方。

有一個微信的訊息真有意思。

「讓100變成103那叫銀行，讓100變成150那叫投資。讓1百變成1萬那叫保險。一個人一輩子再有本事也無法控制意外和疾病！當你躺在病床上時！送你2百元的可能是朋友！送你2千元的可能是親戚！送你2萬元的可能是父母兄弟姐妹！送你20萬元的一定是保險公司！朋友，親戚，父母，兄弟姐妹都沒有錯！錯的是你太過自信風險不發生在你身上！錯的是你沒有未雨綢繆！」

台南的夥伴打來電話要我趕快下去看某位同事，說她已快不行了。我當天事忙下不去，隔天到，她已陷入彌留。

同事說，幸好昨天我沒趕去，否則我會和他們一樣很難過。問是什麼原因，原來是她迴光返照，神智還清楚地交待後事，可是病床邊婆家及娘家起了一些爭執。

因為她丈夫不能照顧她，所以她的後期養病都是由父母看護，但在將保險受益人改為父母親時，她婆婆講話了，說是這段期間用了他們六、七十萬。他們在議論保險金的歸屬。

也不過總共才百多萬的保險額度而已，但在病人面前爭執不下，還要探病的保險人員做公親判個了斷。

當事人看在眼裡、聽在耳中，該是什麼感想？想必身心俱慟、生不如死吧！原來親情還不如保險，錢比什麼都重要。

錢不是萬能，但沒有錢萬萬不能。還可以說，親情雖然重要，但錢更重要。不是親友不能信，而是很多的狀況難以相信。

我不做虧心事，不會被雷擊

人壽保險真的是悲劇發生後最有效減輕悲劇的一種工具！

　　剛好在客戶的家裡聊天，突然電視新聞裡出現了一個報導：幾個人在高爾夫球場裡被雷擊，大家一陣噓唏。

　　我想起前陣子，廈門葉澐燕在微信裡告訴大家，她的客戶出事的經過。

　　手機響了，是楊大哥的電話號碼，一接，卻不是楊大哥，對方虛弱而又悲傷地說：

　　「你是燕子嗎？我是楊×× 的太太，他走了！」

　　「嫂子，大哥走了，去哪裡了？！」

　　「大哥週四與兩個朋友去海邊游泳，突然暴雨中被雷擊中，一個死裡逃生，兩個當場不見了，週五才找到屍體，明天 10 點半要火化。」

　　天啊！我真的不敢相信自己的耳朵，上週還約他參加公司活動，兩個月前才為這位楊總過完 44 歲的生日，他是老客戶轉介紹，去年三月在我這裡購買了一份理財型的養老險，去年十月在我再三建議下，夫妻購買了健康險及意外險。

　　用風險無處不在這幾個字形容都顯得那麼無奈，所幸自己去年十月不斷堅持，才讓客戶擁有高額意外保障，不然今天我一定更加痛苦悲傷，人壽保險真的是悲劇發生後最有效減輕悲劇的一種工具！我誠懇希望所有看到這條微信的朋友，請你真的不要再拒絕人壽保險，它真的是一份愛的延續！

　　這是真實的事件，在你我的身邊都有可能會發生，發生事故時較生疏者打個電話去慰問，親友親身趕去關懷，但向他推薦過保單者卻可以立即辦理理賠，誰的功能大呢？

040 我買很多了

不是沒有買，就是買很少，或者買的是產物險，他自己都搞不清楚了。

當你跟保戶提到保險時，他往往下意識地說道：「保險，哦，我買很多了！」

真的買很多嗎？搞不好他都沒買，或只買一點點。

你應該馬上說：「太好了，太高興能遇到像您這麼有責任感有愛心的人，現在大家都拚命在賺錢，往往忽略要先買保險，哪像您這麼先知先覺！」

這時就要進入主題了。

「陳老闆，您買哪一家保險公司的呢？」

「嗯……好像是什麼安的……」不是很清楚，答案是可能有買，也可能沒買。

「陳老闆，您一年繳多少保費呢？」「好像一年繳五萬還是六萬，不太清楚了，都是會計在處理的。」

問到這裡，答案出來了，不是沒有買，就是買很少，或者買的是產物險。他自己都搞不清楚了。

可是你也不要戳破他的臉，也別說他不對。還是肯定他，讚美他。

這時，你把問題轉移，提出你的要求。

如──陳老闆，我們公司剛推出一張新種的醫療險，連結投資和保障，大受歡迎，好多人都參加了，我的額度不多，所以我趕快通知您……

陳老闆，您的身份剛好合乎我們公司的一個優質企業人士的專案。我向您分析一下…….

陳老闆，我們有一個讓您資金活絡的專案，大水庫和小水庫互相交流，對您需要資金活絡和需要用保險襯托您的信用高度的社會菁英最是恰當……

點出問題，拋出球，看他的反應再說囉！

有就好了！不用買那麼多

很多人在年輕沒事時，要他買保險，不是不買就是意思意思買一點。
發生了事情才來後悔！

這是常常聽的一句話，「有就好了！不用買那麼多！」

以下與大家分享一個我處理的理賠案件。

發生在2013年的七月，一個深夜，一家行銷全球的知名運動器材廠房發生火災，四面八方的救火車呼嘯趕來，但放滿成品的器材一點燃便不可遏止，只好打開一條防火巷，這才勉強止住了火勢的蔓延。但數萬平方呎的廠房已付之一炬。

幸好有投保產物險，他們立即通知了保險公司，也通知了經紀人的我們。

我邀請了公估公司和保險公司的高層一起去關懷。他們也相當配合，老總都出面了。在現場，見到滿目瘡痍的景象，我們噤聲無語。

勘查現場後，我們在會議室與這家公司的老闆會商善後事宜和處理流程。

損失最少幾個億，但保額才兩億，而且保的是折舊殘值，我問經辦的副總，為什麼保這麼低。

「從來都沒事，所以當時只保個意思意思。」她滿臉懊惱。

老闆也沒責備她，大家都沒有保險概念，不能獨怪她一人。

其實以這家公司的營運規模和營利狀況，若是投保足額，保費其實也差不了多少，但因為大家都外行，所以一次的災害就傷了公司幾個億，幸好公司體質好，否則就慘了。

這就跟很多人一樣，在年輕沒事時，要他買保險，不是不買就是意思意思買一點。發生了事情才來後悔，這種例子在你我周遭真是屢見不鮮。

我有好多朋友在保險公司，我要向他投保

如果您能接受我是您的朋友的話，投保就不會在意認識的先後吧！

「我有好多朋友在保險公司，我如果要買的話，會找他們的。」

很多人都會說他有朋友在保險公司，說實在的，現在內地從事保險工作的夥伴，根據統計已超出三百萬人，所以一個人若是沒有認識任何在保險公司工作的朋友，還真是不容易的。

面對這樣的客戶，我都是這樣回答的——

您有很多朋友在保險公司，那您是要向甲買還是乙買呢？跟誰買都不公平，得罪朋友也不太好吧。

告訴朋友自己的財務狀況而引發日後困擾，也是一般人所不願見的，所以大部分的人通常選擇和獨立客觀的專業人士探討他們的財務問題。

他沒有找您？還是您不願找他呢？或者是他認為您是他的朋友，所以他在等您開口向他買保險，以免欠您一個人情債。如果是這種情況，那您這位朋友實在太對不起您了，因為他既然在保險公司服務，應該深知保險的重要性，尤其您是他的好友，他應該義無反顧優先為您處理保險事宜才對，豈可到今天還沒有動靜。

他會專職嗎，如果他只是兼職，您會相信他嗎？您以後需要服務時，方便找他嗎？

……

請把我當作您的朋友。今天我和您見了面之後，您成功的企業、成就在在令我欽佩，我希望您會是我以後的良師益友，但不知道您是否也願意把我當作您的朋友，如果您能接受我是您的朋友的話，那麼在投保之前您大概就不會在意認識的先後吧！

買保險最傻了，錢都給保險公司賺去買大樓，炒地皮

逆向思考，如果您買保險的這家公司不賺錢，您還敢投保嗎？

　　積極的人看到自己投保的公司規模日益擴張，在市區一直蓋大樓。心中無不雀躍選對了公司，這公司太有保障了。

　　但消極的人看到自己投保的公司規模日益擴大，大樓一間間地蓋，心中無不憤恨不平，為何我繳的錢讓保險公司賺去買大樓。

　　這些年房地產大漲，有些保險公司因投資得當，有的賺了好幾個資本額，有的甚至成了世界首富。所以有些客戶心理不平衡，發出了不平之鳴，我為有此意見的客戶分析道：

　　平心而論，如果您買保險的這家公司不賺錢，您還敢投保嗎？就像您買了一件商品如汽車、電腦，您會不會考慮這家公司體質好不好，結構穩不穩？要是您知道這家公司過不了幾天就會倒閉，還敢買他的產品嗎？因為您一定會擔心買了產品以後的服務和維修，不就求助無門？成了保單孤兒？

　　同樣的，買保險是長期投資，如果保險公司不能賺錢，那一定是經營出了問題，不但會影響服務品質，還會連帶使預期的紅利減少，使客戶的利益受損，所以保險公司賺到錢不但是應該的，而且還是值得鼓勵的。

　　保險公司賺錢有三個主要的標竿：一個是投資利益，一個是費用差益，一個是理賠死差益。單以投資而言，因為這些錢都是收於客戶的資金，所以一定要顧及安全、流通與收益性的原則，監管單位也對保險業資金使用範圍訂定許多限制，包括了嚴格要求投資對象的條件、投資金額的比率等。

　　所以基本上保險公司不太可能有暴利產生。給外界暴利印象的原因是這些投資有些是長期持有或土地增值的關係。再說買保險的人只繳一點錢買一張保單，萬一中途出了事，所回收的理賠金可能是所繳保費的十倍或百倍，因此誰賺誰的錢還不一定呢！

Chapter 3

抉擇篇

認清需要，不要遲疑

168 Reasons Why We Need Insurance

除了保險，談什麼都可以

等到他的朋友投保，等到他周遭有人出事，他會醒悟，保險其實還是要的。

有些客戶會說：「除了保險，你談什麼都可以。」

我們要聽懂客戶話裡的含意。

他暫時不想談保險。

他對你的印象還不錯。

沒有堅決排斥保險。

所以你不要馬上打退堂鼓。要會等，要借力使力。

什麼是借力使力？例如：「好，我可以不和你談保險，但這是我的工作，你不要我說，但你要給我兩個可以說的朋友。」他若會給你，你不就可以賺回來了。

他介紹兩個朋友給你，你一定要回報消息給他。差勁的業務員是出了客戶的門就石沉大海，介紹成功也不講，下次他怎麼會再介紹人給你。不過大部分的業務員都屬於差勁型的。

什麼是優秀的業務員。出了客戶的大門，立即傳來簡訊，感謝他的接見、感謝他的指導、更感謝他提供兩位朋友。回到公司，24小時黃金時間內發出感謝郵件。這其實花不了多少時間，但90%的業務員做不到這點。

要回報。客戶談話中的資訊要放在心裡。如果她說我住屏東的祖母最喜歡宜蘭的蜜餞，你趕緊網購一包到屏東，沒有屏東的地址，就請他自己轉，他會驚訝和銘記在心。同樣的，一有介紹，進度如何，陸續告知，這是做人基本道理。

他一時不聽保險，沒關係，等到他的朋友投保，等到他周遭有人出事，等到社會又發生什麼大事，他會醒悟，保險其實還是要的。

過年到了，這個時候不要談保險

用正面的態度來處理，把節日當作重要的日子，用保險來慶祝和紀念。

　　當準客戶對你說：「過年到了，這個時候不要談保險。」你怎麼辦？這是你的問題，你要會處理。

　　我最喜歡重要的佳節了。因為用正面的態度來處理，把節日當作重要的日子，用保險來慶祝和紀念。

　　節日有哪些呢？新年、農曆年、兒童節、父親節、母親節、重陽節、國慶日、教師節、聖誕節，再加上生日，爺爺姥姥的生日、爸爸媽媽的生日、千金或少爺的生日，還有訂婚紀念日、結婚紀念日、喬遷日、晉升日、入學日、就職日，宗教的節日、國家的榮耀喜慶（棒球世界冠軍、奧運金牌世界第一、國家領導人就職）等。這些節日是買保險最值得紀念和有意義的日子。請客戶在這些節日投保，不但容易記住，又多了一層意義。甚至離婚日、先人忌日，也是可以拿出來做文章和訴求的。

　　突破你自己的心理障礙後，客戶原本還要你不要在節日談保險，但反而成了節日最好談保險。帶著祝福，用慶賀和祝福的態度讓他感受到你的情誼，讓保險在這個值得紀念的日子留下深深的註記。

　　甚至在過年時節，把客戶的壓歲錢留下來，或者在客戶出國時，把保險費當作要消費的一個項目。

　　總之，強者看山是寶山，看水是福水。弱者看山是障礙，看水是陷阱。榮耀與問題都是自己找的。

　　要幫客戶要找出投保的理由，沒有理由找出理由，有理由就有道理，有道理就可以成交。總之，保險是非常有意義的事情，要全力促成。

你可不可以簡單地把保險重點講清楚，我很忙！

投保壽險就是把錢放進一個神奇的帳戶，它具有六大「防火牆」功能。

很多人保險的書讀多了、課聽多了，忘了客戶聽不下那麼多保險術語，你又講了一大堆，什麼死啦！生病啦！大病啦！他實在很煩，但又知道保險很重要，不買不行。於是要你講重點。

重點很多，你平常要熟練見人說人話，見神講神話，你的頭腦、手機、ipad、電腦、資料夾裡，隨身攜帶幾十套不同的話術和資料。

這位準客戶看來確實忙，講話又很客氣，只是不願意被打擾，你要當機立斷提出一個打動他的重點。

重點可以這麼說——

投保壽險就是把錢放進一個神奇的帳戶，它具有六大「防火牆」功能：

一：保單理賠金不用於抵債。

二：保單不納入破產債權處分。

三：保單是不被查封罰沒的財產。

四：保單不存在爭議的財產分配。

五：依所得稅法享受免稅優惠。

六：保單貸款解決現金流問題。

這些都是於法有據，你可以把依據拿出來給準客戶看。

客戶看了這些法律依據後，心裡面已經有譜了，保險是一定要買的，但還是拿不定什麼時候開始投保。筆者有一招挺管用的，與大家分享，你若能推他一把，生意可能就成了。這是一張勸善詩，文字淺顯，含意深遠。

勸君行善謂無錢，有也無。

事到臨頭用萬千，無也有。

若要留君談善事，空也忙。

無常一到萬事休，忙也去。

準保戶一定問你這勸善詩怎麼解釋，你解釋後他一定點頭稱是，此時你再把另一頁給他看，當然是改了幾個字。

勸君保險謂無錢，有也無。

事到臨頭用萬千，無也有。

若要留君談保險，空也忙。

無常一到萬事休，忙也去。

業務員們，不要再說那麼多廢話了，該簽的文件拿出來給對方簽一簽吧！

領還本金靠自己，幸福感大提升！

儲蓄險一拉長期限，保費變輕鬆了，保額增加了，附加條件更好了。

有些投資公司在吸金時告訴你，存入一筆錢後每個月或每年可以領回18%。依照72定律，72除以18，領了四次就夠本了，這是多誘人的條件。但天底下有這麼好的事嗎？你若不怕被倒，你就參加吧！

但如果用保險機制，你倒是可以選擇年年還本或是終身還本。雖然領回的百分比沒有投資公司那麼高，但卻是安全的很！

還本型儲蓄險可以在第二保單年度或繳費期滿後開始還本，還本的頻率依保單設計各有不同，以每一年或每三年、五年還本一次的保單最常見，還本額度則與投保金額有關，可以定期或在一定期間後領回還本金。

如果能投入的資金並沒有那麼多，用十年或二十年期的保單，把累積期間拉長，依自己可儲蓄的金額適當調整，你就可以得到你心目中的數字。

或許你會說「二十年太久了，可不可以不要那麼長？！」

當我們買房子繳貸款的時候，是不是都希望年期能拉多長盡量拉長，負債拖久一點，利率穩定在低水位或下降的時候也跟著調低。負擔可以不要那麼重，繳的錢不要那麼多。我們的資金還要做創業基金、學費或生活費用。

同樣道理，儲蓄險一拉長期限，保費變輕鬆了，保額增加了，附加條件更好了，還幫你鎖住利率，這可說是一種看得到的資產，不會被倒，不會變少，有希望的資金，你豈不該多累積一些呢？

還本型儲蓄險除了生存還本金，還享有身故、全殘保障，同樣一筆錢若存在銀行，發生意外只能拿回本金，存在保險公司則同時兼顧儲蓄及保障的雙重功能，不但照顧自己，還照顧你的下一代。

用保險改變命運！

一個好丈夫和好父親，卻沒能想到身故後妻兒會落到了靠朋友接濟的地步。

「他走之前沒有安排我和孩子的未來！」這是著名畫家陳逸飛的妻子宋美英在她的書《逸飛視界》中所說的一句話。宋美英對陳逸飛又愛又恨：「我恨他忍心拋下我們母子，他走之前沒有安排我和孩子的未來，我失去了好丈夫，孩子失去了好父親，我和孩子都失去了這一生最愛的人。」

怎麼會這樣呢？一個被稱為好丈夫和好父親的著名畫家和企業家，卻沒能想到身故後妻子和年僅五歲的幼子會落到靠朋友接濟的地步。豪宅的貸款要付、還要去打官司爭取一份財產，怎麼會這樣呢？

太多的企業家不是都這樣嗎？差別的是他們沒發生像陳逸飛一樣的厄運，他們不相信會淪入這地步，他們都像陳逸飛一樣，很忙、暫不考慮。

在前幾年的報紙上登過一篇記載《百萬保險金留給孩子》。一對做生意的夫婦在高速公路中遭遇車禍雙雙不幸身亡，留下一個不滿一歲的孩子，怎麼辦？萬幸的是，這對夫婦的保險意識很強，早幾年就購買了許多保險，金額達百萬，雖然他們不在了，但是他們的愛會通過保險金讓他們的孩子無憂無慮地長大！

中國人都喜歡說：「一切都是命啊！」相信命，所以運好時要再增添好命的因素，運差的時候，希望藉由大師的指點來解厄改命。但好運壞運可能都是命，都是我們的因果。有一位風水大師對著因靠橫財致富的富豪陰宅謂嘆說：「此地不發，是無地理，此地若發，是無天理。」不由天道行事，就是好地理也守不住的，天地間還是要靠天理良心來運轉的。

但是，難道命不能改嗎？可以的，不必改風水、改姓名、看方位，只要買保險，早一點買，買多一點。有錢的時候，保險費都不是負擔，但出事後會將負擔改為補償，命運因此而改觀。

我付不起保費

真的挪不出保費，我們也會建議您先買份定期險或意外險，這花不了
什麼錢的。

好友老李生意失敗，一家五口生活開銷都靠他，在找不到好工作之前，
先到計程車公司開車，一個月大約只有四萬多元。我建議他此時最需要一份
保險來倚靠。

他卻說：「保險費付不起，我每個月已經都透支，哪還有錢買保險，保
費又那麼貴，我哪買得起？」

我說：「保險買不起？或許是吧，但在經濟狀況最緊張的時候，萬一有
什麼狀況不是更雪上加霜嗎？一個人失去謀生能力，太太小孩的生活費用、
教育費、醫療費等，才是昂貴的費用，而這些又不能不付。若是一家之主平
時沒有準備，萬一發生事故後，這些費用要留給家人張羅，誰忍心看到這種
狀況發生呢？為何不趁能賺錢的時候，買一個合適的保險呢？」

「您認為保險費用都很高，事實不是這樣的，您想擁有什麼樣的保險，
能負擔多少保費，我們會根據您的財力及狀況提供適當的保額及內容，您全
家獲得保障，付費也不太吃力，這才是一個合理的保險。假設真的挪不出保
費，我們也會建議您先買份定期險或意外險，這花不了什麼錢的。」

「老李，您也可以化整為零，以半年繳、季繳或月繳來分攤。這樣負擔
就更輕了。」

「我再舉個例子，假設某一上班族的公司運營不是很好，老闆下了一
道指示；大家一律減薪10%，不願意接受的人，立刻離職。試想：您是要
拿微薄的離職金走路呢？還是接受減薪10%的安排？為了家小，您大概還是
得委曲求全，而我現在不要您收入的10%就可以買到足以維護一家大小風險
的保障，您真的負擔不了嗎？錢不是賺來的，錢是存下來和省下來的，是
吧？！」

讓我考慮幾天吧！

這樣一份高保額保險，公司在接受上需要時間去評估，這裡有幾個地方需要您先簽名。

「哎呀！你不要逼我，我一定會買，不過，你總要給我幾天考慮！」

徐總他雖然原則上同意投保，但仍然要我讓他考慮幾天。

我立刻分析：「對的！徐總，您這份保險生效之前，是應該多加考慮，但我認為我要把您申請的工作做好，因為這樣一份高保額保險，公司在接受上也需要時間去評估，這裡有幾個地方需要您簽名……」

徐總沒有作聲，我再說下去：「您一定在想，參加這樣一份保險，到底是對還是不對？適當還是不適當。其實我在您剛才思考的時候，我也在想。

這個計畫的金額究竟能不能完全幫得上您？

您的體檢報告可通過申請嗎？

要不要把重疾險的金額再拉高？

要不要一次把您的高級經理人一起做評估建議？

很多成功的企業家，他們在投保前也是加以慎重研究和分析，最後放心地委託我們辦理，他們所擔心和考慮的事，一定和您大同小異，我可以把他們所提出來的問題為您一次設想清楚。」

徐總點點頭，同意我的說法，說：「這點我相信，不過我是在想這份說明書中項目這麼多，我到底是全部保還是保一部分就好？」

我回說：「徐總，既然這樣，您更應該馬上研究，因為假如沒有立刻處理，等我回去後，您才發覺有些細節必須由我解釋和說明，這麼一來，豈不是更浪費您寶貴的時間。」

他點點頭，我再說下去：「徐總，時間對成功的企業家而言，永遠是不夠用的，您應該把寶貴的時間用在企業經營上，保險問題留給我來處理。徐總，我相信我可以成為您最適合的保險代理人，您願意給您自己和我這樣的機會嗎？」

等我房子貸款付完再說

夢想變成泡影也就罷了，因為無知；因為不願面對現實，喜事可能變成悲劇。

等我退休後，我就環遊世界。

等我賺很多的錢之後，我就多做公益。

等我有空……等我兒子考上大學…等我兒子結婚……等我……

太多人的人生大夢就在等等等當中一直等等等下去。

可是假如在等待期間，身體發生狀況或財力出現問題或種種因素。夢想不就變成泡影了。

夢想變成泡影也就罷了，如果本來可以成為一件美事的，因為無知；因為不願面對現實，喜事可能變成悲劇。

很多人會說，他不反對買保險，不過必須等他向銀行借的房貸還掉後才買保險。

你要鄭重地勸告他：「你確信你這筆貸款付完後就不會再有負債嗎？」

目前的社會型態，負債是良好信用的表現，藉著貸款的方式，達成很多人生目標。可能一輩子都在重複償還貸款這個動作。事實上，只要收入正常，收支平衡，貸款並不可怕，也不用擔心。

但還是有潛在的風險，假如在償債期間，收入突然中斷而又無法遞補，豈不是會亂了生活腳步，而且如果是家中主要收入者發生意外，永遠不能再有收入，這對家庭的打擊會更大。

假如貸款的項目是房子，一但貸款償還不了，銀行會立刻拍賣抵押品，取回貸款剩下的額度。萬一碰到景氣不好，房價挫跌，搞不好拍賣的錢償還銀行都不夠，整個家庭又回到一無所有的地步，這樣的生活又有什麼意思呢？但若以貸款買了保險，再加上該有的生活費用等，就是最壞的狀況發生，也不怕家庭陷入絕境，以往一家辛苦奮鬥創業置產的努力也才有意義。

買保險還要體檢，太麻煩了

這一生一定會得重大疾病，如果沒得，那是因別的原因先離開了還沒有機會得。

　　雖然民智已高，但很多人還是不喜歡體檢，也從來沒做過真正的精密體檢。但是如果每張保單都是不用體檢的，一則金額拉不高，二則萬一理賠時問題一大堆，而且經過體檢後，投保率已可以高達七成以上，所以運用體檢來承保和提高保額是聰明的事。

　　你可以這樣對排斥體檢的客戶說：「有一位北京著名的保險醫師丁云生，他說過一句話。我相信一個人這一生，一定會得重大疾病，如果沒有得，那是因為別的原因先離開了還沒有機會得。

　　「時代變得太讓我們難以掌握了，人有旦夕禍福，很多情況是我們無法控制的。一部機器用了三、四十年，即使不報銷，也是毛病多多；一部汽車不細心維護，不要多久很快就會出狀況。人的生命力較強，天天在動，所以毛病不會很多，但也要常常保養及維護，定期檢查，及早把對人體不利的因素抓出來。所以不單是這次體檢而已，您應該每半年，最遲一年做一次全身健康檢查才對。況且我們提供給您的體檢，是不需要花錢的，您只要挪出一點時間就可以了，何樂而不為呢？這也是為自己身體負責的一個機會。」

　　「而且做了體檢之後才買保險，對您更有利，因為最起碼自己的身體狀況，是經過保險公司同意核准才投保的，所以日後萬一發生事故，必須由您負擔的責任又可降低不少。」

　　「我們中國人很少有體檢的習慣，大家為了拚經濟，忙得連生個小病都只是吃吃成藥而已，所以往往在轉移成大病後，才後悔不已。我建議您，除了這次體檢一定要做之外，更要養成定期體檢的習慣，才能防患未然。」

要複檢又要加費投保，我不要

保險公司無法確實估計到被保險人的身體狀況，已危害到保險公平的原則。

在環境汙染、壓力大、運動量少、慢性病多的狀況下，根據估計，約十個體檢的準客戶中至少就有兩個需要複檢，尤其是高保額更要再三評估。有時還要加費。

有些人可以接受，但大部分的客戶就要好好溝通了。

如何溝通呢？我的建議如下：

- 他有沒有做過精密的檢驗，如果有，報告拿來再評估。
- 如果沒有，告訴他，有一些小現象，公司要幫他做確認，願意免費再送他更精確的體檢。
- 他有沒有熟識的醫院，可否依他最方便的時間地點再檢驗。
- 如果客戶沒時間體檢，委婉告訴他，你會再和公司協調，如果用加費可否接受。

萬一複檢後需要以加費承保，你又該如何做呢？

「加費我不要，為什麼同樣的保險，我要比別人貴？」一般人知道要追加費率時，立刻都會有如此反應。

建議你可以這樣好言相勸：如果您的貨物外銷，裡面有一批瓷器，是不是會特別包裝，而且同意以較高的運費運送？通常他回答：當然要這麼做。

接著你再分析：「對於您的身體狀況，保險公司為何以較高費用來承保，原因是你就像那瓷器，我們需要比別人多付出一份關照，所以我們只是反應成本，也要您自己為現在的身體狀況付出代價，血壓高（假設）或許不是您的錯，但總是要您自己去降低它，加費就是提醒您這一點。」

客戶可能會說：「當初要是我不體檢，也不講我有高血壓，用免體檢的方式去投保呢？」

這時你要善盡說明：「若是您沒有講出來，萬一在兩年內因血壓高而導

致的毛病出了意外，可能將得不到理賠或削減保額，就像瓷器如果不特別保護，萬一受損，得不到賠償或不能全額賠是一樣的道理，這已經讓保險公司無法確實估計被保險人的身體狀況，危害到保險公平的原則，所以損失必須由自己承擔。

如果不加費呢？用保額上稍做降低即可。

或者先承保，幾年後血壓如果降低，且持續維持正常標準，可以再複檢，若體檢後一切正常就可恢復為標準保費。」

業務人員面對客戶的體驗結果不要心慌意亂，要正面以對，客戶往往對自己的身體狀況心中有數。所以坦誠以對，相互對問題找出解決的方法，才是長久之計。

曾經因複檢還是要加費後，客戶擔心未來要加保更麻煩，所以在知道加費並非很多後，把保額一下子拉高好幾倍的例子，這不是因禍得福，而是以實際的狀況去面對所產生的最好結果。

保費可不可以少算一些？

政府的法令規範很清楚，不能用折價錯價取得不當業務！

「哪有一毛錢都不少的事，上次我買××公司的保險，他們的業務員少收我一成保費，你能不能比照辦理？你若可以我就買。」這是一個討厭的問題，業務員最不願面對的問題。但確實有不肖的業務員用折扣在招攬業務。

你怎麼解決這問題呢？首先你要站得住腳，不亢不卑，不要動搖。

或者先開個玩笑：「少收一成？這樣吧，我少收兩成，但您的保險每個月少保一天如何？」

「這怎麼可以！你在開玩笑！買保險就是不再自擔風險，萬一在哪天剛好出事，我的保險費豈不都白繳了。」對方惱怒地說。

「沒錯，我是和您開玩笑的，哪裡有保險一個月少保一天的，我的意思是您絕不願意因小而失大了吧！就像您的業務員在外面銷售產品時，您一定會告訴他必須遵照公司規定的價格，如果他私下打折給客戶，市場行情必然被他破壞。您想想看，這種業務員對公司連最基本的忠誠度都不夠，還能顧及對客戶的信諾嗎？您還敢讓他繼續代表公司嗎？」

再來可以訴求法理情了。政府的法令規範很清楚，不能用折價錯價取得不當業務，輕者罰款，重者取消證照。有需要害業務員沒工作嗎？

行銷要費用，不但要接受訓練、再教育，還要積極地服務客戶，這都是要成本的。況且即使折價一成，這點錢只不過佔您二十年總保費的0.5%，對您只是九牛一毛，但對我們而言卻是服務成本裡的大部分。

很多資深的同仁，他們不但自備電腦，還自聘助理與服務人員，以我所認識的幾位資深業務經理，他們一個月花在這些配備為客戶服務的費用最少都在十萬元以上，要是每個業務員都折價給客戶，他們還能維持高品質的服務水準嗎？

我有車險、火險、房屋保險，已經夠了

保護一生心血結晶，怎可忽略人壽保險，甚至要將壽險擺在第一位。

客戶往往說車子、房子、機器、廠房是必需品，也是生財設備，但沒辦法自我管理和保護，又加上如車子有法令規定，所以非保產物保險不可，房屋向銀行貸款，銀行要求房屋必須投保火災保險。貨物出口沒保水險不放行，出口人自己也不放心。但人是有生命的，可以自己保護的，所以不用買保險。

但是房子買了火險，萬一發生火災，產險公司可以賠錢給銀行，借款的人要是有了三長兩短，無法償還貸款利息時，產險公司卻不必負任何責任，所以借款人的家屬為了還錢，可能要把房子賣了才能清償債務，這有點本末倒置，看小不顧大的感覺。

就像有一部印鈔機，是應該照顧機器呢？還是印出來的鈔票？當然兩者都重要。

但如果只能選一種，您選哪一種？一定是印鈔機。

因為鈔票沒了可以再印，但機器沒有了，什麼也沒了，常聽到有些人在發生事故時，傳來不幸的結局。不是公司結束經營，就是財產處理完了還留下一大筆債務。

所以為了保護家人和一生的心血結晶，千萬不可忽略人壽保險，甚至要將人壽保險擺在第一位。

一位四十歲的創業家，他一年可賺到三百萬，如果以每年成長百分之五來看，一直到六十歲退休，他所創造出來的價值將超出一億以上，如此巨大的財產當然要妥善維護照料，最保險的方法就是買人壽保險了。

不知道什麼樣的保險最好

合適的保險便是最好的保險。正值創業的人，較適合終身保險及定期
保險。

什麼樣的保單最好，要怎麼買？

客戶購買時有疑惑，業務員在規畫時也經常會陷入迷惘。

我們來看看什麼是最好的選擇。

合適的保險便是最好的保險。例如：

- 正值創業階段的年輕人，需要資金投入市場，較適合終身保險及定期
  保險。
- 有了太太小孩後，就須趕快再添一張教育基金及太太的終身保險。
- 買了房子，不忘再加上一張金額與貸款相等的保險。
- 事業穩定時，就需要計算好退休金額，再添一張增值養老險。
- 為了事業穩定，員工的平安保險、退休險都要考慮。
- 旅行、出差時旅行保險所費不多，也不要節省。
- 事業有成，財產增加，算出萬一往生時的遺產稅稅金。免得讓繼承人
  臨時籌措現金繳稅。
- 董監事責任險也須投保，可在股東突然出事時買回其股份。
- 適時增加相當金額的保單，如防癌險、工作能力償金、疾病住院等。

所以，保險不是為了別人，為的是自己及家人，應善加利用保險公司的
功能及部分資金，彌補自己的不足及不必要的支出。

保險是槓桿原理、四兩撥千斤的表現，也是現代人不可或缺的理財工
具，運用得宜可幫助我們達到成家立業的目的。因此，在為客戶設計保險
時，應依他們的年齡、收入、家庭狀況作客觀的分析，以助人的心態去構
思，並和對方坦誠討論，經過嚴謹的溝通過程，必能為對方設計出合適的保
單。

等過一段時間再說吧！

國際航線班機，死於空難機會是四百萬分之一，汽車事故的機會是五千分之一。

吳教授說：「不急著現在辦，等過一段時間再說吧！」我的經驗裡，很多的學者對保險都不以為然。不過不能和他們爭辯，必須用請教的方法來突破。

「吳教授，美國的麻省理工學院一項研究顯示，搭乘國際航線班機，死於空難機會是四百萬分之一，而死於汽車駕駛及搭乘的機會是五千分之一。相差八百倍，您說這個統計準確嗎？」

「哦！這個統計應該沒有錯……你是說，我每天開車走高速公路，應該趕緊買保險嗎？」

「吳教授，這就不用我說了。您不覺得我們的高速公路像戰場，大家比速度、比技術。大車逼小車，小車鑽車縫。您不覺得下了高公路都會吐一口大氣嗎？」

「我自己小心些就好了，不用急著馬上買保險吧！剛好這陣子手頭稍微緊一些。」

「吳教授，急不急，您自己做判斷。手頭緊，暫時不買新衣服、不換大車、不上館子；但是若不準備好保險。萬一出了狀況，必將後悔莫及。

一般人出國旅遊，除了要求旅行社加上旅行保險外，又自己向保險公司加保，甚至到了機場還在保險公司櫃檯買，像我就是這樣。因為我老是覺得一部那麼大的鐵塊在空中飛，太難以想像，也覺得一上天就看起來危機重重的緣故。

很多一家之主以各種理由，包括孩子太小、房子剛買、貸款未還清等藉口延遲買保險，結果在尚未買保險之前就發生了事故，擔心的事一一應驗。小孩的學費負擔不起，房屋貸款不知何年才能還清，後果往往是始料未及的吧！」

如果他還是堅持己見，沒關係，學者每天都在講道理給別人聽、訓示別人，主觀性頗強，我的建議是就再多給他一些資料，也給一些災害簡報，等他們自己醒悟，不一定先讓他們買意外險，他們的眼中，什麼險都一樣，錢高錢低都相仿。有耐心些吧！

　　什麼類型的人就必須用什麼樣的方法去對應，千萬不要認為一套方法可以走遍天下，業務人員有時要多學一些心理學啦，命相學或血型、面相、姓名學或八字星相，必要時預測對方的喜好個性，可得到意想之外的效果的！

現在沒空，改天再談

您把我當作是您的一位職員，您所付的薪水就夠我幫您把安全都打理好。

記得有一次，我經趙總的介紹到某貿易公司徐總的辦公室，他一聽是保險，立刻說：「我現在沒空，改天再談！」

看他並不是真的很忙，這不過是推辭罷了。我笑笑地說道：「徐總，我知道您很忙，趙總也說您很忙，所以要我長話短說。說您需要和他有一份一樣的保障。出門安心、開車搭飛機放心、喝酒不爆肝、用腦不傷神。

就是因為您全心思放在公司的經營上，您的公司才這麼大，您一定置個人安危於公司經營之外，不過您還是不必花很多精神來處理這些安全的事情，我建議您就像趙總一樣，您把我當作是您的一位職員，您所付的薪水就夠我幫您把安全都打理好。」

「真的嗎？」徐總睜大眼睛。他一定沒聽過這道理。

「你的建議相當好，不過，可不可以過幾天再來，讓我想一想。」他說。

我立刻說：「徐總。您要我改天來，當然可以，但是我沒有把握下次能不能來。」徐總疑惑的問：「什麼意思？」

我說：「徐總，我每天都忙著推廣保險福音，提醒人們要為風險做預防，我們不願見有人因疏忽而落入萬劫不復的困境。

「或然率是公平的，客戶可能出事，我們也有可能出問題。能不能再一次登門為您服務，我並無把握，同樣的，我也希望您能瞭解，未來是個未知數，誰也無法正確地預測，我們唯一能做的只是把握現在。」

「我今天所要提供給您的資料，對您企業都有絕對的好處，擁有了它之後，可以更全心衝刺，沒有後顧之憂。」

說到這裡，徐總還是問：「真有你說的這麼好嗎？」

我一邊點頭，一邊打開電腦的建議書頁面：「徐總，憑您銳利的眼光一看，這份計畫是不是依照您的身分、地位所擬訂的……」

對景氣不抱樂觀，不想買保險

發生事故的企業往往是人謀不臧，衰敗的國家則是領導人私心為用或黨爭。

好友吳總是建設公司的總經理。某天心情沮喪地對我大吐苦水。一下子股票跌、一下子打房、立法院又吵得民眾人心惶惶，生意真難做。

我勸他不要太難過，留得青山在，不怕沒柴燒。只要活得健康，總是有機會的。

我說：「情況不會一直壞下去的。我看你現在精神不振，注意力不集中，千萬不能再有什麼差錯發生，我再替你加保一張保險吧！」

吳總苦笑的說：「不用了，景氣這麼不好，買那麼多保險做什麼？」

我說道：「你不要這麼悲觀好不好？看看我們的下一代，他們對時局沒有知覺，無憂無慮，難道上天不會給他們一個未來和機會嗎？

風水輪流轉，十年河東十年河西。雖然我們身處高倍速變化的時代，很多企業一不小心就被淘汰和消失。很多國家也常面臨挑戰而經濟力消退。

但你看發生事故的企業往往是人謀不臧，食物加添加劑，帳款不清或不務本業。衰敗的國家則是領導人私心為用或黨爭惡鬥。

而你是戰戰兢兢，不但品質維繫得很好，還很用心地培育整個公司的工作人員。你這麼有良心的企業家，不會一直在谷底的。

至於保險，它是景氣低迷時最好的護身符，在經營面縮小時，為防止有不好的事件發生，正是應該加保的時候。不但是你，員工都應該也加保。何況保險費只不過是以往賺大錢時的九牛一毛，所以不要看不開，節省這些錢。」

等過幾年保費降低後再買

標竿人物登高呼籲，投保符合身價的保額，一定可以帶動國人投保的意願！

　　大量製造、激烈競爭的現代商業法則下，很多產業都已剩下茅三道士（毛利三到四）的窘境。雖利潤這麼低，可是頭已經洗了，身體不洗也不行，所以大家都拚命從管理面去節約成本。

　　對於保險，他們若認為非保不可的，如廠房、貨物、車輛、人員，無不盡量和保險公司談價殺價。至於企業家本人的壽險就認為目前的保費貴，想等過幾年保費降低後才買。

　　林董即是一例，雖然他事業體眾多有成，身價甚高，但對保費的高低仍計較不已。

　　「目前我們的保險費和外國相比，確實是稍高了些，影響保費高的原因甚多，如投保率和先進國家相比還是甚低，還有就是保險公司的經營獲利度沒有提升或是理賠率過高等，至於平均壽命也是關係到保費的重大因素。」我仔細地以事實分析讓他瞭解。

　　這些年來，人口的平均壽命越來越長，保險公司已在監督單位下調低保費。保險公司也都努力地透過有效率的管理，降低各種費用，同時透過合適的管道投資獲利。

　　投保率的提升這就不只是保險公司的責任而已，要靠大家來努力，投保率拉高當然保費可以下降。林董您是社會標竿人物，如果您能登高呼籲，而且以投保真能反應您身價的保額，相信一定可以帶動國人投保的意願，讓更多的民眾擁有保險，讓他們在發生事故時，免得陷入困境。

　　您或許認為不需要再靠保險來增加財富，但問題是連您都不願意作為模範積極購買保險以提升投保率，那麼大批的中小階層人士，何時才能享受因投保率提高而帶來的保費降低的好處呢？前人種樹後人乘涼，從黑白電視到彩色電視再到3D電視，後發商品越來越好，價格越來越低，大家也知道，

東西剛開發出來最貴，但若得不到支持，沒人購買，廠商哪有能力繼續開發呢？

最重要的是一經投保立刻擁有保障，現代社會意外災害頻繁，加上重病威脅疫情不斷，為了安全起見，若因計較那一點差價而發生損失是得不償失的，所以立刻投保馬上擁有，比什麼都絕對划算。」

立刻投保，馬上擁有保障，就像科技用品一出廠就可享受一樣，當然可以等未來價格降低再擁有，但那已經失去了享受的先機和時尚的感覺了！

用年終獎金買張儲蓄險吧！

如果能好好地規劃年終獎金，累積起來，就變成一筆不算小的費用。

　　上班族雖然不能暴富，但每年總是有年終獎金。如果能好好的規劃這筆錢，累積起來，日子一久，就變成一筆不算小的費用。這比拿到錢就用來旅遊和大肆採購來犒賞自己與家人好得太多了。而且，年終獎金年年有、定期發放，用來繳付保險費最是恰當。

　　購買兼顧保障與儲蓄的「養老型保險」！幫自己準備一筆老年基金、為老年的自己預約幸福，最重要是活到老不能做到老，活到老最重要的課題，是要能領到老。

　　退休生活，你想要哪一種呢？伸手跟小孩拿錢，沒尊嚴地過日子；還是及早認養個保險兒子，年年送上生活津貼？

　　養老型保險分「短年期養老險」與「終身還本保險」兩種類型。短年期養老險訴求整存整付或是零存整付，不論想要一點一點慢慢儲蓄，或將身邊的一大筆錢一次做好保險理財規劃，滿期後都可以幫你完成購屋、養老等夢想。保險期間還有壽險保障，不只「老有所終」，也能將財富完整傳承給下一代。

　　終身還本型的保單，每一約定期間可領回一筆金額，可作為生活補助、安養、看護、旅遊等各種資金規劃。

　　因為保險公司眾多和競爭，目前的保險型式有很大的變化及靈活，有些保單本身有附加醫療、有些有附加長期看護、癌症，有些在疾病時可以先使用再扣除，要投保時可以多方諮詢和選擇，找出自己最大的需求。

為下一代建立大水庫養小水庫的大功能

蠆繳後，每年領回的還本金再買一張長年期的保單，這就是用大水庫養小水庫的原理。

「我都準備好了，如果我有三長兩短，家人都可以獨立生活下去，一個小孩現金各有五百萬，為什麼一定要買保險？」

這個陳先生很稱職，不過五十歲左右，他已為兩個兒子準備了他不在時的生活費了。

而我是這樣說服他的：「您實在很了不起，都做好打算了。不過我想請教您，展望未來，現代化的腳步是不會停止的，創業的資金越趨龐大，交通工具也更迅速，人口將集中在大都市裡，追求高品質的居住環境，但購置房屋的費用，甚至窮及一生之力都難以達成，而生活費用已和先進國家不相上下，我們的下一代不是不願意奮鬥，而是他們的機會相對艱難，勢必付出比我們更多的努力。

我們的下一代，大部分從小就享受舒適富裕的日子，如果要他們一面忍受失親之痛、一面從頭再開始，我認為這是不公平而且也不必要的。您準備一人有五百萬的現金，為什麼不透過用保險管理，這會有舉一返多的功能。我有幾個建議，您聽看看。

一樣五百萬的金額，您先一次蠆繳，讓後來每年領回來的還本金再買一張長年期的保單，這就是用大水庫養小水庫的原理。到他們長大要創業或退休需要錢時，這兩筆錢會讓他們驚訝。他們的長輩在早年就已替他們思考周密，讓他們不用煩惱。或者你可以是被保險人，他們是受益人，基本上長輩會先走的，這兩個水庫所產生的保險效力會是五百萬的好幾倍。

如果您將小孩當被保險人，您是要保人和受益人，您還有主權優勢和受益優勢。很多父母寵愛唯一的下一代，造成子女不成才，發生什麼不孝、棄養的問題。此時，這五百萬的價值會有很多您想像不到的效益。」

把計畫書留下，我研究完再說

現代人都很忙碌，一般人把計畫書留下來之後，就再也不會去研究它了。

很多人會委婉地拒絕你：「你把計畫書留下，我研究研究再說。」

你要不要留，當然要留，你不囉嗦，對方就會先鬆了一口氣，待他稍做緩和，你可以說：「張先生，計畫書留下來，您要看喔。」

張先生說：「會會會，我有時間就看。我現在沒時間，等我有時間再研究研究，要買保險時一定會通知你，你把計畫書留下就可以。」

我笑笑地說：「坦白說，張先生，現代人都很忙碌，一般人把計畫書留下來之後，大概再也不會去研究它了，就這樣把這重要的保障問題耽擱下來了。或者再自己拿出來看的時候，不是不瞭解就是有很多的問題需要深入！這一來您可能因此錯過許多可以保護自己權益的機會。

話又說回來，假如一個人有心要買保險，還真是要考慮再三，甚至比較再比較，條款合約是死的，無法對任何人特別有利，但我卻是活的，可以憑藉著經驗給您做最好的組合，並且在和您當面研究後，可以根據您個人的狀況提供最理想的保障。

所以您只要撥出一點時間來研讀這份建議，就會發現及瞭解，這份建議書所帶給您的絕不只是白紙黑字而已，它代表的是讓您有更美好的未來，足以保障您和家人的生活，所以現在請您先用幾分鐘看一看，有問題我們馬上可以討論。」

注意！客戶要你把資料留下來再看，這不過是藉口而已，但很多業務員以能留下資料就感到心滿意足，其實這是沒有意義的。當你作勢要留資料時，他本來以為你就要走了，心情放鬆了，你來個回馬槍，再積極地要求三分鐘，把ipad遞過去，搞不好情勢立轉，試試看吧！

等老王買了我再買

保險不可以人云亦云，每個人條件都不同。都有不同的家庭因素、經濟能力等

老劉對我說：「您先去向我拜把兄弟老王介紹清楚，他對投資方面比較有研究，我要看他有什麼看法。他買了我就買，他如果不買，我也不買。」

我立刻問他：「難道您的決定會比他差嗎？為什麼您不引導他，而讓他引導您呢？如果他不買您也不買的話，萬一您發生重大狀況，他能幫助您脫離困境嗎？」

我接著再說：「或者是您認為要買大家一起買，買了對大家都有好處，買錯了也不會被笑對不對？」老劉點點頭。

我覺得很多東西可以看別人買，自己再跟進，像汽車、房子、電器用品等，大家用團購爭取好條件。

但唯獨保險不可以人云亦云，因為每個人條件都不同。都有不同的家庭因素、經濟能力、健康狀況等，不能用一個模式讓大家都適用。

每個人都需要保險，富有的人可以靠保險保護財產和企業，小康的人可以藉由保險保護他的家人和老年，較低收入的人藉保險使他避免陷入危機。

保險是為了明天會更好，為了老年安全和尊嚴，為了家人的健康和和樂，絕對不是為別人才投保。我特地針對您的狀況，提供專屬您的保險計畫，您可以客觀地瞭解和投保。

至於您的拜把兄弟老王，只要您把手續辦好，我會很快地向他建議，並且依他的狀況給他適當的計畫書。相信藉由您的以身作則，更能使他獲益，我也希望除了您和老王投保外，您可以介紹更多的朋友來參加。」

很多準客戶都有「要好大家一起好，要死大家一起死」的心態，個性較柔軟的，希望有人帶頭引導他。但我們應該借力使力，讓他做個可以引導別人的人，而且告訴他，只要他起個頭，你就可以讓他的朋友們跟進，這一講，他或許會認同的。

最近比較忙，改天再說

別人買了，她還是延遲著。以後，再也不會聽到她這麼說了，因為，
她再也沒有機會說了。

　　有一次我將一張一百多萬的理賠支票送到一家汽車代理公司的總經理手
中，這是他們公司團體保險內的一員工的死亡理賠。

　　那是一位相當優秀的女姓銷售人員，她在這家公司已有七年之久了，每
個月都有六、七部車子的銷售量，在一次不小心的狀況下喝了歹徒的有毒飲
料後被辣手摧花。

　　這位被害人只保團體保險，事後我前去瞭解向她招攬已有一段時間的業
務員。為什麼她沒有買壽險或意外險。他告訴我，原因有二。一是沒時間，
二是沒有錢。

　　沒時間我可以想像得到，她的忙碌和無心於保險可想而知，但沒有錢就
讓人難以理解。

　　原來，她的實際收入一年一百萬出頭。這還是她看得到的收入數字，車
子成交後銷售人員還需附贈椅套、龍頭鎖、香水、面紙等等。扣除額外開銷
再扣掉房屋貸款、家用外所剩無幾了。

　　她認為，以她的衝勁、努力，她會在幾年中多賺一些錢，屆時，她會趕
緊存款，她會買保險，她會過自己想過的生活。但是，想歸想，很多的事情
不是自己控制得了的。

　　「最近比較忙，改天再說………．」業務員向我說，這幾年他不辭辛苦
地向她勸導要趕緊參加保險。但每次得到的都是這答案，她也覺得這位業務
員夠熱心、夠勤勞。所以還介紹了好幾位同事投保，別人買了，她還是延遲
著。以後，再也不會聽到她這麼說了，因為，她再也沒有機會說了。

中途解約比繳的保費少，划不來

繳足兩年後，開始有現金價值，繳得越久，價值就越高，也替您存下
一筆資金。

很多業務員很怕客戶詢問解約金，客戶一問，不是講得結結巴巴，就是
胡說八道一通。自己都沒信心，客戶哪能對你有信心。

張先生看著現金價值表，對我直搖頭：「買保險真是划不來，期滿也沒
領多少，中途若是不保了，退回的錢還被打折扣，這種保險怎麼可以買？」

我沒有直接回答他這個問題，轉而問他開的是什麼車，他告訴我是
VOLVO（以車觀人，他是保守穩健型的，我的回答可要確實堅定。）

我再問他車子一年要花多少保險費，他說大約十萬。我說：「保費不少
呀！滿期後可領回多少呢？」

他睜大眼睛看我，心裡一定在笑我外行：「車險哪有滿期這回事，繳了
錢就是頂多出了事理賠罷了。」

我說：「張先生，一部車子三百多萬，一年花十萬元的保費，出了些小
事故，保險公司負責修復。若是大事故，如車子遺失了，第一年頂多賠您八
成，無大事故，保險可繼續承保，但需逐年折舊，甚至到了第六年後，保險
公司已不再接受全險了，保險費卻是一毛錢也不退，您都不計較這些。

而我提供給您的這個人壽保險建議，如果同樣是十萬元的保費，出了小
事故，當然要賠償醫療費用。碰到麻煩的什麼癌症、重大疾病啦，一大筆錢
先拿去做特殊藥材或家用，再每天給住院費，支付手術費或雜費。

病治不好或遇到大事故，理賠金少說有五六百萬，意外事故更高，依狀
況千萬或兩千萬，而且隨著年資的延伸，保額不但不會越來越少，反而逐年
增加。保險費繳足兩年後，即開始有現金價值，繳得越久，價值就越高，無
形中也替您存下一筆資金。像這樣的保險，搶著買都來不及了，您還有什麼
不滿意的呢？」

這下子換他瞠目結舌了。

解約吃虧，怎能投保

投保後就有高解約金的是短年期或一次性繳費的蠆繳。可是保障額不高。

客戶說：「這保險第一年沒有解約金，第二年開始解約金也不高，太不划算。」

我回答道：「你要投保後就有高解約金的，沒問題，短年期或一次性繳費的蠆繳。但是它的保障額不高。」

他又說：「不行！不行！我就是要買有周全保障的。」

我說：「陳總，哪有又要便宜，又要好，低風險、高價值的好商品。你們公司的產品也做不出這種條件吧！」他是3C產品的代理商。他搖搖頭。

我接著向他分析解約金的概念──

人壽保險真正提供的並不在於解約金的高低，而在於「平時有準備，急時不著急。自己用不到，施福於別人。」該計算的是付了保費後得到的保障是否合理合適。

買了保險之後，不可以輕易想解約。保險是一種年資越久，價值越高，自付責任越低的投資。我們應有的想法是：我只不過付保險公司一點保費，保險公司就給我這麼多倍數保障的好處，在我們萬一急需用錢時，還有一筆現金價值款供我使用，這筆錢和保險一樣，都是備而不用，除非是緊要關頭才動用現金價值。

為什麼前幾年的解約金會比較低呢？

其實一張保單，最少也要三年後才會產生利潤，投保的前幾年，保費大部分都用在再保費、行政費用、業務員的管理訓練、銷售費用等項目上。簡單地說，保險公司將一張保單二十年的費用，幾乎在前三年預先用掉了，所以投保人在投保後沒幾年就解約的話，解約金當然不高囉。

不過投保人應該要有個觀念：保險最重要不在於錢的多寡，而在於能適時運用。平日將餘錢按時放在保險公司裡，當有急用時，或許能產生意想不

到的作用呢！買保險一定要量力而為，做最好的打算，以自己能力範圍內可儲存節省的金錢來繳保費，這樣一來，就不會因為前幾次繳的保費太多，嚴重影響到原來的生活，而萌生解約的念頭了。

不過話又說回來！

保險費繳了後應當把它視同消費掉了，就像繳車險、火險或學習費、上館子的費用。但因為人壽保險的特殊設計，有現金價值在提存和儲備，所以真的有需要時，它的現金價值還是可以使用的。

甚至因時間的累積，到了一段較長的年度後，它的現金價值已超過所繳的保費，這不就賺到保險也賺到現金嗎？

保險的功能不勝枚舉，這也是其中一項而已罷了！

保險寬限期救了一家人

沒有保險的人或家庭根本就像在走鋼索一樣，因為不知何時會掉下。

我在擔任保險公司副總經理時曾遇見了一件理賠案子。

這家人購買保險兩年，要繳費時，因收入不佳，無力再繳，服務人員力勸之下對方終於再投保意外險，不過是用信用卡繳付的。

兩天後，報紙上登了這麼一件大事，住宅電線走火，一家四死二傷，名字是這家人，經確定後無誤。

服務人員心裡忐忑不安，信用卡繳費尚未入帳，但保險已是生效，而再查電腦，本以為失效的壽險現金價值還有五天的效益，所以壽險的金額全部要理賠。

服務人員臉上帶著愧疚說，這下子讓公司損失大了，實在很對不起公司，不知道要怎麼交代。

我搖搖頭說：「你不用擔心，公司不但不會處罰你，還要獎勵你，因為你勸說一個最需要保險的家庭得到他們最該有的保障。

保險的本質本來就是集合多數人的力量為少數不幸罹難的家屬謀安定，在或然率的大前提下，事故必然發生，只不過是來早或來晚而已。沒有保險的人或家庭根本就像在走鋼索一樣，因為不知何時會掉下，像此次罹難者的家庭如果沒有保險的理賠金，死者的後事，傷者龐大的醫療費用就不知如何處理了。

所以你是幫了他們一個大忙，也讓社會少了一分困擾，你功德無量哩！」

早年有一些頭腦不清楚的保險公司還為理賠部門做什麼不理賠獎金，後來被唾棄，也終於知道這是沒有保險理念的作法。這幾年狀況不同，各公司都以快速理賠去服務保戶，所以對保戶而言，這是非常有利的投保時機。

Chapter 4

女權篇

女人當自強

168 Reasons

Why We Need Insurance

保險是女性智慧的象徵

不是她年輕時做錯了什麼，而是什麼都沒做，沒有為自己留下生活的依靠。

某雜誌曾報導一篇對影星梁詠琪的訪談，她提到結婚三四天後，他西班牙的外籍老公帶她到保險公司簽了一大堆字，聽不懂西班牙語的她，瞭解情況後，流下幸福的淚水。因為，老公把保險受益人更改到她名下。這真的是愛到最高點，老公送保險。

曾經有台灣的雜誌社進行問卷調查，女性對金融資產投入的興趣比例為：購買保險36%，存款38%，投資26%。這代表安全比什麼都重要，無事時就做有事的防患。

在日本，聰明的女人選擇男友的時候要有「三高」。一要學歷高。二要身材高。三要保險買得高。學歷靠努力、身高是遺傳，保險是責任及對太太的呵護。怪不得日本的投保率全世界最高，平均一個人六張以上。

女人雖然怕老、怕病，但最怕是沒錢。為了給自己留條後路，女人總是喜歡身邊留些錢，也就是預備私房錢，私房錢通常放在銀行定存或存入民間互助會。

放銀行雖長期和穩定安全，但利息低，一受貶值因素就無法有大功效。放入民間互助會風險又太大。我曾親見幾位有智慧的女性，把私房錢買入保險，不但安全，長期的利息效應又比銀行高。加上還提供醫療等附加價值。最後身故有八倍或十倍以上的功效，這也是女性智慧的象徵。

有了餘錢，盡快買保險。單身的買自己，有結婚的為老公或下一代買，反正，自己是受益人，安全得很。買名牌包，一經使用不值錢，買鑽石黃金，有時難以保值。買房購股票，波動要人命，拋售不值錢，急用打折扣，病痛還是靠自己。

唯有保險是女人長期的飯票，一個女性如果在晚年孤苦無依、生活淒涼，那不是因為她年輕時做錯了什麼，而是什麼都沒做，沒有為自己留下生

活的依靠。

女人一輩子可以依靠誰？愛人可能變心，孩子再孝順，也要展翅高飛。父母再愛護，但終有離開老去的一天。

女人的幸福要靠自己，要靠年輕時的預備。疾病、意外、養老，每一樣都要靠智慧去張羅。多準備保險吧！它不會因為年華老去而拋棄你，只會越到患難越真情。

保險是身價，一張高額保單像菩薩給了金鑄銀雕，遠觀莊嚴，近看華麗值錢。

要說發生什麼婚變，保險就是女人的生活依靠、生活費的來源，或者是因為價值高，還可再嫁個好歸宿。台灣曾有女星嫁給三任老公都身故，接受遺產和保險理賠金有三億之多，雖年歲已大、外形走樣，但身邊一直有年輕的「小狼狗」圍繞，是新聞媒體及民眾長期茶餘飯後的趣聞。

如果年輕時排斥保險，老公要買時反對，或把可用做保險費的錢挪到名牌包、旅遊，有可能在需要時就後悔莫及了！

買保險和不買保險都會有三意！

買保險得理賠是心意、快意和得意！

不買保險無從理賠是失意、悔意和回憶！

現代聰明的女性，您要哪三意？

用保險可在離婚時保護財產

萬一婚姻破裂，保險金可當日後的活保障。購買的人壽保險屬於個人財產。

王菲說：「這一世，夫妻緣盡至此，我還好，你也保重。」李亞鵬亦說：「我要的是一個家庭，你卻註定是一個傳奇。」

2013年的中秋節前夕，王菲和李亞鵬正式在新疆宣佈離婚，結束了八年的婚姻。據王菲的密友粗估，王菲因出道甚早，又生財有道，身家有台幣二十五億之多。李亞鵬淡出演藝圈，但自從經商後，多項投資皆以慘賠收場，而其中甚多資金是李亞鵬向王菲要來的。

離婚後的雙方財產如何收場呢？

根據中國《婚姻法》39條規定。離婚夫妻對共同財產分配，由夫妻協議處理。協議不成，由法院介入判決。若如李亞鵬所說，雙方財產獨立。法律規定結婚十年後財產自動變成共有。王菲此時結束婚姻，或許可及時止血，保住身家。

一世夫妻關係千絲萬縷，在歐美國家，往往因企業主離婚造成企業的財務崩潰，企業競爭力大為緊縮。所以他們在婚姻之前無不用法律條款來加以防患。

中國經濟繁榮也不過是這一二十年的事，第一代往往是夫妻胼首胝足，所以能相忍為安。但二代主就非如此了，沒有共同的革命情感，加上外力誘惑和習性變遷，婚姻的束縛已無力了。

人雖分手但不要扯破臉，應該在婚前先作君子協議。不過在中國人的思想裡，這不但不吉利還會被罵烏鴉嘴，所以能做到的確實不容易。

筆者建議可以用保險來預防這問題。在台灣，保險是不容被侵犯的個人資產，在中國，根據《婚姻法》第18條。購買的人壽保險也屬於個人財產。

或許對大部分的女士而言，鑽石讓生活充滿著詩意，但現實是鑽石變現

不易。

　　建議善用保險才能讓生活得到保證。保險是實在的，既可當強制性儲蓄，把錢管牢；還可獲穩定收益，沒有損失，免交所得稅，而且萬一婚姻破裂，保險金可當日後的活保障。這是聰明的女人最需要的投資。所有的投資都有風險，只有投資自己和投資保險沒有風險。

　　建議結婚前要先主動了解另一半對保險的看法，一個人若對保險沒有概念和持反對態度，基本上這人是沒有家庭責任的。

　　若對方有保險認知，則應該冷靜規畫，妥善安排，因為保險可讓婚姻更穩定可靠，萬一有狀況時，雙方也可以用事先的約定做出和善的分手，免得無盡的爭執在傷口上撒鹽，造成更大的傷害。

　　聰明的女性，應多思考婚後用保險做好生涯規畫，這才是幸福的保證。

王菲給女兒的大額保單

藝人善理財的不多，而且屬於不穩定收入，幫名人做保險規劃的時候，應全面分析保險對他們的功能和價值。

　　王菲和李亞鵬離婚，藝人婚姻之不穩定，在此事件暴露無遺。王菲在2004年與竇唯結束她的第一次婚姻。她獨力撫養時年七歲的女兒竇靖童。為了讓女兒在十八歲成年後生活有保障，王菲為她投保約2000萬港幣的人壽保險，合約是到女兒十八歲後，可取得2000多萬港元的保險金。王菲每月需繳款近20萬港元。

　　竇靖童十八歲後獲得的保險金額度基本上和王菲累計繳款額度差不多，是一個類似於銀行儲蓄利息的收益水準。王菲的這個安排是非常明智，我們可以看出她的幾個優點。

1 強迫儲蓄

　　藝人善理財的不多，大陸港臺多少明星經商失敗，而且他們的收入屬於不穩定收入，能強迫高額儲蓄是聰明之舉。

2 財產轉移

　　高額保險等於王菲將財產的部分提前轉給了女兒。藝人再婚再育的機會太大。避免財產歸屬和繼承人的困擾，這是最好的保障。

3 獲得保障

　　王菲信佛虔誠，應知因果難避之理。萬一有意外將使女兒陷入困擾，用高額保險，女兒得到另一個保障生活的支柱。

4 體現關愛

　　早前有報導指王菲只懂玩樂不照顧女兒，指王菲到時裝店買五萬元的春

裝，但買給女兒的服裝只值百多元。這份保險封住了悠悠眾口，對女兒關愛之心完全表現在保險上。

5 財產保全

在王菲和李亞鵬尚未離婚時，萬一兩人出現債務問題，已經購買保險的資金將不會受到債務的索償。離婚後，雖謠言王菲將財產捐佛，但這也不會影響此張保單的存在。

6 稅收優惠

購買保險，還可以獲得各種稅收上的優惠，達到合理合法節稅的目的。

因此，我們在幫名人做保險規劃的時候，不能只強調保險報酬率高不高，應全面分析保險對他們的功能和價值。

我要和太太商量一下

如果她說「好，買吧！」您會不會想，太太是不是希望早日得到這筆保險金。

拿太太做擋箭牌，是一般人不想買保險常有的藉口。

我用這樣的問話來化解許總以要和太太商量的藉口。

我問他：「請問許總，您在管理工廠時，技術上若有問題的話，您會向誰請教呢？」

他回答：「這還用說，當然是找專家了！」

我再問：「為什麼不去找路邊賣書報的大叔呢？」

他笑說：「開玩笑，他怎麼會懂！」

我再問：「您太太有沒有研究過保險或讀過保險方面的書呢？」「沒有！」他回答。

「許總，您也知道有問題問專家，可是現在有一個對保險素有研究的人在您面前，您不問他，反而丟給不太瞭解保險的太太傷腦筋，您這個做法可能不太恰當吧？！」

許總一聽，當下傻住，仔細思考我話中之意，半天後才說：「你說得很有道理，可是我必須聽聽太太意見，這個家畢竟是兩個人組成的。」

我會打蛇隨棍上：「您尊重太太，這是應該的。不過這可能會帶給您太太困擾喔！」

「怎麼說？」許總不解地問。我回答：「太太說不要買保險，萬一有事故發生，是不是會帶給她災難。

如果她說『好，買吧！』您是不是又會想，太太是不是希望早日得到這筆保險金，所以才同意我買保險。」

為太太及小孩買保險，就像為他們提供一個溫暖的家及衣食無缺的生活，這是一家之主無法逃避的責任。除非您要把這風險丟給太太，否則應該自己下決定。

我不想買保險給太太當嫁妝

不是每個太太都一定會改嫁，但是否該為最壞狀況預作準備？

不買保險的推託詞五花八門，但有些並非出於真實，很多都是開玩笑的。而且有些人還當著太太的面前開玩笑，像是說給太太當嫁妝等的說法。

涂董說：「買保險不好，萬一我先走了，給她當嫁妝，划不來。」

我立刻說：「怎麼會划不來呢？真有那一天，嫁妝豐富，大家也誇讚你呢！」場面頓時輕鬆下來，我知道，這一笑，生意十之八九了。

他說：「好是好，不過便宜了別人。」我說：「怎麼會呢？！平常跟著你辛苦持家，萬一你哪天真的走了，留下一筆錢，她就不會那麼辛苦。」

涂董說：「一個人一個命，走了就走了，也管不了那麼多了。」

我說：「話是沒錯，不過人都是有私心，總是希望自己心愛的人，這輩子只愛她一個；當然，不是每個太太都一定會改嫁，但是否該為最壞狀況預作準備？天有不測風雲，人的旦夕禍福也只在瞬間，能防患未然，早日買保險，或許在遭遇大變故時，妻小能利用保險金安心地渡過未來的日子，否則生活沒有著落，才是逼太太盡早再嫁的原因。」

我又說道：「我曾聽過一位名人說，假如有一天，七老八十了，我早走，給我老伴留下五百萬，讓她未來的生活幸福。有錢就有情，有情就有愛，她可能會枕著我骨灰罈睡覺，對著我的照片微笑。我在九泉之下也會對著她笑，並祝福她，不要只守著這筆錢，好好的打扮，好好的享受日子，甚至因為有條件，可以再被追求，有美好的第二春，我也會倍感驕傲。」

涂董說：「好偉大的愛情啊！這麼看得開！一般保險業務員都和我說不會發生事故，保險是為了自己的未來，您能很坦白地告訴我這些真實的現實，老實說，我也不願因為我的消失而改變現有的一切，好吧！那麼你看我應該買怎樣的保險比較合適呢？」

我太太不同意

天下最傻的女人就是反對老公買保險。不是女人現實，而是責任實在太大！

　　網路曾流傳某一國的領導人對保險業務員這樣說：「天下最傻的女人就是反對老公買保險，如果以下幾個事情都解決了，就不用買：

❶ 萬一老公出遠門了，20年沒有下落，請問你們家的房貸誰還？還不了，房子還是你的嗎？

❷ 孩子的教育費有著落嗎？

❸ 他的父母誰管？

❹ 萬一他躺倒在病床上，醫療費誰負責？你可不可以不管？

❺ 最關鍵的是他能否兌現對你的承諾！不是女人現實，而是責任實在太大！」

　　這段話講得好，我常常碰到明明老公都已經同意了，老婆卻是千方百計地阻擾。我的一位業務員就碰過讓他痛心的事。

　　他在南台灣的高雄，有一次他幫老友辦了一張保單，保費三萬多台幣，收了之後，回到公司，也報了帳並完成核保手續！

　　但朋友的太太跟朋友吵到不行，太太說：「如果你買這個保險，我就跟你離婚。」實在沒辦法，他的朋友只好打電話跟我同事講：「沒辦法啦！買保險買到要鬧離婚，太不值得了，你把保費退給我好了！」

　　業務員也只好遵從了！過了幾天，退費的保費申請下來了，他要把支票送去給那個朋友，才剛走到他家的路口時，突然間聽到哀樂。

　　走到朋友的家門前，才發現這位朋友就在前幾天，在外出談生意的途中被撞身故了！

　　我那個同事，口袋裡面裝著朋友的三萬元支票，不知道該怎麼辦？口中也講不出安慰的話！這樣的場景太讓他無法接受了！

　　到了出殯那一天，他包了1000元現金當作奠儀，再把那個退回來的保費

三萬元支票，放在一起還給他太太，心裡如千刀萬剮一樣的痛苦，他本來可以幫助他朋友的家人三百萬，結果只能用1000元代表他的心意。

在葬禮上他不敢去看朋友太太的臉，他實在心有愧疚，而朋友的太太，也不敢看他，因為她應該也為自己錯誤的決定而痛苦萬分吧！

這個故事是不是能給我們一些啟發呢？

人壽保險是把愛進行到底

夫妻就是反目也可成為好友，把經濟問題搞好，婚姻就搞好了一半。
要能將愛進行到底，務必靠保險！

如何將愛進行到底？愛情不可靠？聽說臺北每年離婚夫妻的數字是結婚的一半，我看內地也不遑多讓，兩對在這廂高高興興結婚，那廂一對劍拔弩張地辦離婚。

結婚是女生昏了頭嗎？其實是兩人都昏了，大都沒有長期規劃，沒有完整的共識。

傳統的中國婦女說：我生是你家的人，死是你家的鬼，如果你休了我，我就撞死在你家柱子上。

現在見鬼才要這種老婆。撞死在門口，這房子就變成凶宅不值錢了。新時代新女性也不會因離婚就撞柱子，搞不好還會說：「下一個會更好。」

要怎麼樣才可以夫妻恩愛，就是反目也可成好友。

把經濟問題搞好，婚姻就搞好了一半。當然財產越多，越要注意離婚後的財產分割問題。財產不管是多還是少，都要善用保險。

有了保險的男人，才是有真愛的。結婚前開始存保險、少跟狐群狗黨浪費錢，一切以幸福家庭作打算。受益人是老婆，滿期金是老婆的，可以驕傲地對老婆說：「老婆，我生是你的丈夫，死是你的錢夫。萬一我比你先走，你可以腰纏萬貫地再找第二春。」

有錢讓人漂亮，要保養整容都容易，有錢心裡踏實，自然容光煥發，人見人愛。沒有錢，黃臉婆一個，誰見誰煩，再嫁困難。

有些女人和老公共同創業，會管錢、不會理財，賺來的錢再投資或放入地下錢莊，根據統計，創業者百分之九十會失敗一次，放錢莊被倒的機率是一半。還有女人排斥保險的比率是男人的一倍。所以常會碰到生意失敗，家破人亡的慘劇。

但如果放入保險就不一樣了，生意失敗人浮躁，真的碰到意外或重疾還

有保險可理賠，放入保險的錢很踏實，沒有被追索清償的問題。

相愛是行動、真情是責任！如果沒有保險，要白頭偕老，海枯石爛，全是鬼話。不管夫妻兩人能力多好，情份多厚，還是要認清現實，回歸到生活的基本面。

愛是行動，情是聯繫，保障是根本，要把愛進行到底，務必靠保險！保險讓婚姻的基礎更穩定，保險使不健康的婚姻灌入穩定劑，保險讓失敗的婚姻有了和善的分手本錢。

保險是女人最好的朋友

保險是女人最好的朋友、保險是女人最孝順的子女、保險是女人的等值身價、保險是女人不會背叛的情人

聰明的女性要為自己準備最可信賴的一生靠山。以下分幾個要項來說明保險的重要。

1 保險是女人最好的朋友

基因關係和壓力及生活習性，一個女人有比男人多活八至十年的機會。加上女人總要找比她大個幾歲的丈夫做為倚靠，本來是要倚靠，結果反成為災難。一個女人有八至十年寡婦的可能。但有一張稱職的保單（如終身返本），才成為真正可倚靠的朋友，並且陪伴你一生。

2 保險是女人最孝順的子女

不能說「久病無孝子」、「娶了媳婦忘了娘」，但多做一些預防總是安心。給小孩支付學費時，順便為自己支付一張同值保險。給孩子一份創業基金時，留一半給自己做老年基金。小孩及媳婦孝順最好，但有時他們有家庭及事業的壓力。保險會孝順你，會幫你付醫療費。不讓你操心、陪你度過黑暗歲月。

3 保險是女人的等值身價

多大的保額等於多大的身價，不因歲月而打折，反而因年華老去而值錢，更在大限來臨前讓家人得到兌現的希望。

保險的身價得到尊重，換來尊嚴，就是親人不能承歡膝前，保險金的價值尚可帶動長期醫護換來安心。認為自己有多大的身價，就要有多少的保險。這是聰明理財的一環。

4 保險是女人不會背叛的情人

保險是資產、是現金、是養老金、醫療金，是不會背叛的情人。不會像負心的男人，扔下不管，抱緊保險，帶來安全，得到真正的依靠。

5 保險是女人保持青春的禮品

有足額的保險，才能帶給女性安全感和幸福感。不用操心和煩惱，也不要再奔波生活費，內心因平靜而產生祥和，容貌因安定而愉悅。外表自在，青春自然常駐。

6 保險是女人最可靠的資產

像是房地產、黃金、鑽石，保險是有價資產、是長期倚賴的可靠信物，除了有現金價值，也有保額，進可攻、退可守。短期作投資標的、長期作生活費用和保障依靠。怎麼看都不吃虧的。

所以聰明的女人應該從進入職場就要每個月提撥固定的錢放入保險的帳本裡。這本帳本比什麼都安全、安心、有價值。

我先生不肯投保

公司盈餘買了董監事險和三千萬壽險，在債務、遺產稅處理後，還有寬裕的金額。

　　中小型企業，通常先生對外，太太管財務。太太有時看起來權力很大，但其實是在外面掌管事業的先生說了算。有一次我分析保險利益給陳太太聽，她很滿意，於是把要保書拿進總經理室給她先生簽。

　　但沒多久，她一臉失望地走了出來，對我說：「很抱歉，我先生不肯簽，他對保險沒有好感。」

　　我說：「讓我直接和他談吧！」

　　她說：「他現在很忙，沒時間。」

　　我說：「你們全家都有長遠的規劃和準備吧？」

　　她說：「我先生說生意多做一些，多賺錢買房子，銀行存款多一點就是保險，何必給保險公司賺呢。」

　　我說：「這話當然沒錯，不過依我們的經驗，很多出事的人當初他們也是這麼想的，可是後來卻沒有達成，因為變數太大了，很多的狀況都不是他們所能料到的。」她沉默不語。

　　我舉兩個實際案例給她聽。

　　「一位電子公司的老闆爆肝身亡，幸好她的先生很有經營概念。在公司上軌道後由盈餘買了董監事險和三千萬壽險，所以在應付債務、遺產稅後，還能有一筆寬裕資金來養育子女。

　　另一位建設公司的老闆就不一樣了。壯年猝死，出事後，帳目被平日親信的人偷天換日轉走，龐大的資產一夕之間被抵押設定為一空，已經七、八年了，還在反覆訴訟中，為了兩個小孩又不能不奮鬥下去，真是苦不堪言。

　　留下的也是三千萬。

　　千萬要撐下去。

　　千萬要把小孩養好。

千萬不要改嫁。

相較之下，這位先生太沒有責任感了，而這位太太也太辛苦了。

現在的很多公司還是沒有良好的會計制度，一旦出事後，欠債的跑得一個都不剩，而索債的卻是蜂擁而至。基於這些事實，我們可以看出，一個先生平日不買保險，一到緊要關頭，自然得有人替他應付一切費用，這個人通常是他太太。妳願意這些事情發生在妳身上嗎？」

她苦澀地搖搖頭。

要為心愛的太太買保險

這個世界有不會表白的人，但誰說他們一定缺少愛。

他向她求婚時，只說了三個字：「相信我！」

她為他生下第一個女兒的時候，他對她說：「辛苦了！」

女兒出嫁那天，他摟著她的肩說：「還有我！」

她病危的那天，他重複地對她說：「我在這裡！」

她要走的那一刻，他親吻她的額頭輕聲說：「你等我！」

這一生，他沒有對她說過一次「我愛你」。但愛，從未離開過。這個世界有不會表白的人，但誰說他們一定缺少愛。

愛是什麼？愛是讓太太感到安全。雖然女性在目前的社會裡扮演非常重要的角色，各行各業中，女性嶄露頭角的例子比比皆是，甚至很多重要位置女性不遑多讓。如演藝圈、媒體、科技界，因女性的細膩而得以擔任領導位置。男女平等，女性對社會的貢獻甚至比男性還多，尤其職業婦女還需兼顧照料家庭。所以當有人還以為太太不用買保險，我覺得是一種危險的想法。

大男人主義者常說，我投保就可以，太太不用保了。

我做了幾個分析：

❶ 假如太太不告而別，先生除了少一位收入的夥伴外，還要增加她為家庭支出的心力所應折算的費用。

❷ 如果太太沒有工作收入，那麼她為家裡節省下來的管理費用、子女教育費用、烹飪費用，那是一筆難以估計的數字。

❸ 如果只有先生買保險而太太沒買，要是先生先走一步，留下太太獨撐大局，雖有先生的保險金作為家庭助力，但面對漫漫未來，太太除了要肩付家庭所有責任外，可能還要負責企業管理，總不能不預防太太再一次的損失衝擊吧！

保險金是保證金，相互為身故及滿期受益人，萬一在感情發生危機時，看在高額的現金價值或保險金，可能還有挽回的機會。就算是真的破裂，現金價值是籌碼或者是真正的價值之一。

　　保險也是儲存資產的工具之一，不但保值，還能增值，最重要的是長期保證，用來做一輩子的愛情信任標的是最好不過。因為從太太年輕開始投保，可留住青春的印記，發揮歲月累積的肯定。

　　所以不管從哪個角度看，不但要一起為太太投保，金額還不能少。

Chapter 5

倚靠篇
退休要有錢

現在不準備退休金，以後沒辦法退休

要長期可靠、利息不浮動，安全，甚至可以代為轉換到養老機構去，看來看去，還是只有參加保險最恰當。

　　管理大師彼得‧杜拉克曾說，未來世界的危機裡，其一便是老年危機，他還說未來是「終身工作」的時代，因為幾種不利的因素衝擊下，原本該是含飴弄孫輕鬆度日的生活，因養老金不足只好繼續工作。

　　問題整個都浮現了，人口老齡化、高醫療化、少子化，引來壓力大，非提早籌措退休金不可了。越早準備退休金壓力越低，越晚準備壓力不但高，危機更是重重。

　　退休金多少才夠用呢？專家學者說未來是三低時代，低利率、低通膨、低成長，因此若幣值不要快速下滑，二十年後，一個月台幣5萬該可勉強到安養院去（別忘了還要繳保證金）。

　　一個月5萬相當於一年60萬，如果以利息1％去看，豈不是要在銀行放6000萬。10年前利率還有5％，一年要有利息60萬，1200萬的存款足夠了，現在同樣的利息60萬，本金卻差了4800萬，如果以一年可賺到200萬，豈不是需要多工作24年。

　　越早存壓力越低，因為用時間去攤提整體費用，負擔的成本即越低，因此需要提早覺悟。

　　年輕的一代崇尚及時享樂，總以為年老是遙遠的事，加上社會瀰漫功利及一夕致富的心態，儉樸節約好似不復存在。

　　其實大富由天，小富靠儉的古訓並未遠去，甚至由儉樸可成巨富之例亦非不可能。在不能確定經營事業是否有所成的關鍵下，長期的投資是一個致富之道。

　　要長期可靠、利息不浮動、安全，甚至可以代為轉換到養老機構去，看來看去，還是只有參加保險最恰當。

等我老一點再買

保險公司不是傻瓜，您要老的時候才投保，那時所繳的保費卻會把您嚇到，短短二十年時間眨眼即過，就可享受到滿期回收的好處了。

有些人明明是最需要買保險的人，但卻冥頑不化，不趕快用保險為自己和家人投保。

呂小姐的奶奶、媽媽、阿姨都患過乳癌，家族高危險群，但對重病險無動於衷。高大個，鷹架公司的領班，一爬一二十樓，下面的人看了冷汗直流，他仗著一身好本領，不買保險。

秦先生，四十多歲，晚婚，女兒才小一。是買保險的最佳人選。但提供計畫書給他參考時，他卻不加思索地說：「等我老一點的時候再買吧！」

我語重心長地對他說：「你有幾個潛在的問題必須重視。第一個問題是事故不一定等到我們老一點的時候才會發生，人還沒老就碰到事故，他的家人豈不慘了，俗話說：『墳墓裡裝的是死人不是老人』。

第二，保險公司不是傻瓜，您要老的時候才投保，當然是想少繳些保險費，但那時所繳的保費卻會把您嚇到。有一個說法：『年輕時繳保費像口袋裡裝彈珠，有感覺但不重。中年時繳保費像口袋裝棒球，有負擔但還可以忍受。老年時繳保費像隨時揹個海灘球，既沉重又不自在。』

第三，您想投保的時候，保險公司不一定會承接。人的年紀一大，身體狀況總是比較差，而且毛病也較多，保險公司當然要衡量得失，不願做冤大頭，所以請您注意。當您想保險的時候，很可能就是保險公司不想保您的時候。」

秦先生問：「真的會這樣嗎？」

我說：「不但如此，趁年輕趕快投保還有一個好處，不是很多人認為保險是為別人不為自己，所以不想投保，這是不對的。你趕快投保，有事補償，沒事短短二十年時間眨眼即過，就可享受到滿期回收的好處了。」

出事家人都可處理

只要把必要資料備妥，理賠絕不會有問題。不是親人不能信，而是自保比什麼都重要。

「出事家人都可處理！」對於準客戶如此說，我知道這是藉口。我以處理過的一次飛機事故作為說明。

一個週日上午，臺北松山機場的旅遊保險櫃台值班的職員打電話來，口氣急促，說是一部從臺北飛往馬祖的小飛機在下降時撞山墜毀，機上一名乘客上機前買了一張旅行險，保額四百萬，保費才幾百元而已。

為了不侵犯當事人的權益和隱私權，我要她別再向其他人提及此事，並立即趕往機場。機場大廈內一團混亂，有幾個記者風聞罹難者當中有人買了旅行保險，擁到櫃台來詢問。

我絕口不提，但發現這有違新聞人員「知」的權力，也在可以的效應下替保險公司做廣告，權衡之下，要櫃台找來海報紙，寫出這班機中確實有人臨上機買了一張保單，基於當事人及受益人的權益，恕不提供姓名。

後來當事人的父親和幾位朋友趕來了，我摒除其他人，單獨告訴他投保之事，要他守住自己的權益，不要聲張，免得惹來金錢借貸困擾，他只要把必要資料備妥，理賠絕不會有問題。看他稍感安慰之神情，我也甚感欣慰。

為何要如此慎重地處理？我處理過客戶被公車輾過截肢的事故，父親尚住院，兒子卻一直來要申請理賠金去做生意。

先生身故的理賠金三百萬才送達受益人太太的手中，婆婆來拿走一百萬，小叔也要來借一百萬，勸告她趕緊再買一張保單存下來，否則人財兩空，不是親人不能信，而是自保比什麼都重要。

不是親人不可信，而是寧可小心為要，對自己好一點比什麼都重要，有高額的保險揣在身上，既可有安全感，又可滿足家人的親情，為何不這麼做呢？

保險可以買回親情

保額不是現金，不能當現金揮灑，但可以利用現金價值來貸款活用。

有一位老先生中風住院已五、六年，本來家人還會去探望，但三個兒子在一個去美國、一個到大陸、一個到南部後，就孤寥無人聞問。

他常向護士醫生們怨嘆，早知道不該那麼早給錢讓他們兄弟去經商，如今用事業繁忙當藉口不來探望，應了「錢在人情在，錢去親情無」的窘境。

有一天他突然異常地神情興奮，大夥問他何故，他說天賜奇蹟，二十多年前，一家外商保險公司剛進台灣時，業務人員向他招攬終身壽險，他覺得費用不高，立意甚佳，於是買了兩千萬的額度，他的公司營運一直很好，會計每年定期繳費，二十年期一下子繳完了，由於保險公司沒有再來接觸，大家也忘了這回事，那天會計來探望他，向他提起這回事，還立即查證，結果確實有效，因此他高興地說，他又成了一個擁有兩千萬身價的富人了。

大家七嘴八舌地向他恭喜，也問他如何運用這筆錢。

他說他已向一位從事保險工作的護士小姐請教過，保額不是現金，不能當現金揮灑，但可以利用現金價值來貸款活用。這位小姐還指導他一招。

他第一步先邀請對他照顧有加的醫護人員及還有來往的朋友大吃一頓，花了兩三萬元；還報名參加了一個豪華大陸遊覽團，連同隨隊照顧的看護共十多萬；醫院多找一位看護來陪他，這下子共花了二十餘萬元。

他將這些單據，連同保單及現金價值的貸款單影印之後，寄給三個兒子。不出所料，不到十天，三個兒子連同家人又全部回到醫院來。

殷勤的問候，體貼的呵護，當然也會探詢到保單受益人是誰。這次老先生不再愚癡了，滿臉的幸福與滿足。他深深明白，這些親情是因為有那張保單幫他背書。他能重拾起自尊是當年的無心插柳，如果還輕易地透漏底牌，那將再使自己陷入愚昧。

於是在不明白誰才是真正的保險受益人的情況下，這位老先生享受了一陣子的天倫之樂。

我的太太和媽媽反對

告知來上香並且送來保險金時，朋友的媽媽張大了眼睛說，哪有這種好事。

一位南部的行銷夥伴回憶幾年前的一個案例。他在屢遭好友的妻子、父母強烈反對及驅離下，猶然奮鬥地成交了一張保額兩百萬的壽險。但如此一來，他成了對方家族中不受歡迎和咒罵的對象。

不料兩年後，一次鄉民旅遊中發生了嚴重的翻車車禍，死了七、八人，頓時全莊成了煉獄。他的好友也在事故名單中，全家大小的生活重心頓時喪失依靠。

在團體告別式上，他也到了，沒受到注意，當然沒有受到歡迎。可是在他找到朋友的媽媽，告知來上香並且送來保險金時，朋友的媽媽張大了眼睛說，哪有這種好事。

當年對個人權益的觀念沒有現在強，保險公司還可以配合業務員的需要，把理賠金換成現金。他把換好現金的袋子打開，兩百萬，整整二十疊的鈔票，他整齊地放在靈桌上，沒有讓旁邊的人回神發問，他拿起了香，恭敬地向遺像祝禱。

待上完香，家屬答禮時，突然間朋友的媽媽一個箭步衝上去，「碰」的一聲，雙腳跪在地，他趕緊去扶她，可是沉重的身軀一時還拉不上來，她淚流滿面，旁邊跟過來的家屬，包括朋友的太太、兩個小孩，都哭成一團。

他明白，他們是為了理賠金而欣慰，也為了這麼重的恩情而表達最大的回報。他無需回報，因為這是他該盡的義務。

他無需得到感謝，因為這本來就是他的工作。他只是做好該做的事情而已，在盡自己份內的事。

這是保險業務員最欣慰的一刻，所有的辛苦、委屈，在此時一切消失無影，從事保險工作是驕傲的，家族、親戚、朋友、政府都幫不了的，此時由我們一肩挑起，沒有條件、不必回報，這工作真是神聖。

我的子女會照顧我

這一代是扶養上一代的最後一代，同時也是被下一代拋棄的第一代。

《慈濟月刊》裡刊登一篇文章——「十個子女養不起一個媽媽」，怵目心驚。談的是一個媽媽養育十個兒女，但當她老了、病了、想出院回家，卻沒有兒女願意讓她回去。

七十多歲的老阿嬤頭痛，電腦斷層診斷後發現是癌症，而且已是末期。患者要回家，但她的兒子卻說：「母親沒有辦法自己洗澡、吃飯，所以不能出院，如果一定要出院，就要有看護陪著回去照顧。」

醫院趕緊幫忙找看護。但兒子又改口說：「我們經濟有問題，沒有錢可以付看護費用，除非母親能自己照顧自己，才能出院。」

護士不勝唏噓地搖頭說：「病人的兒子在一旁什麼都不做，連幫病人換衣服、換尿布都說不會，說這需要專業，要由護士來做。」院方找來家屬談出院照顧的事，來了四個兒子，卻有三個說不用談。

醫院找志工要載病人回家看看。大兒子卻說：「媽媽只是嘴巴說說而已。」甚至有一個兒子還說：「醫院照顧比較好，等媽媽快不行了再送回家吧！」

他們共有十個兄弟姊妹，媽媽曾經含莘茹苦地拉拔他們長大，但如今卻是「有家歸不得！」護士在一旁感慨地說：「一個媽媽養大了十個子女，但十個子女卻養不起一個媽媽！」

其實在醫院裡，這樣的例子可說不勝枚舉。尤其是在小家庭林立，生育率節節下降的今天，無人可照顧的情節將會一再地上演，因此有人如此說：「這一代是扶養上一代的最後一代，也是被下一代拋棄的第一代。」

如何自保，真是這一代中年以上的人士不能逃避的課題，我們一直苦口婆心地奉勸世人用保險來自保，但聽者藐藐，難道一定要看到悲劇發生時才要相信保險的功能嗎？

老了再說吧！管什麼養老不養老

錢是尊嚴和防護。沒有錢哪還能維護什麼呢？

雖然未來老年安養是一大問題，但是還很多人不瞭解怎麼去預防。在一次老人大學的課程中，我提到幾個我所知道的老年生活的安排。

我的一位朋友，膝下沒有子女，和太太都算是雅痞，生活優雅，悠閒度日。退休後，兩間房子先賣掉一間，住進教會辦的安養院，背山面海，兩人共繳將近三百多萬台幣，每個月付生活費約三萬元。品質良好，設備齊全，他倆讚不絕口，慫恿朋友一起去。

李老先生住進淡水的潤福安養院，保證金就要五百萬，他說這筆錢是他在做生意時就存下來的，現在下一代接掌事業，他樂得輕鬆，兒子媳婦也沒有壓力。

鄭先生考慮和太太住進長庚醫院的安養村，醫護齊全、管理好，應是讓自己無慮的生活。不過保證金兩人也近一千萬，我問他錢夠用嗎？他說保證金是他用房屋抵押來的，哪個小孩要房子就必須償還貸款。

陳先生更絕，以前高利率時人壽保險買了一堆，現在把現金價值整個借出來，算了算有五百多萬，他說這筆錢夠他住進安養村了。未來萬一往生反正不必還貸款，在保險金額裡扣下就夠了。劉先生考慮到馬來西亞去養老，因為他怕冷，馬來西亞氣候好、華人又多，是個好地方。

曾先生夫妻則是在杭州的西湖邊置屋養老，他說房子只花兩百多萬，每個月阿姨的看護及打掃花不到一萬，便宜又舒服，何樂不為？

林太太在先生過世後吃齋唸佛，一大半的日子都住在廟裡，她說住得很平靜和安寧。

丁小姐是單身的主管階級，她買了足夠的養老保險和醫療保險，也投資了穩健的股票，她說股票是長期投資絕對不吃虧，十幾年前曾用五十萬的高價買了一張壽險公司的股票，現在雖只剩下十三萬，但已變成十張，反而具

有一百三十萬的現值，而且每年還有現金配息。她說不管未來是獨居或和家人同住或住安養院，房子的租金和保險、股票等的回收是源源不絕的收入。

安全、持續、穩定，人老了，身邊絕對不能沒有錢，錢是尊嚴和防護。

杜月笙曾講過，人老要吃三碗麵──

一是場面。排場還是要有，不能太寒酸。

二是體面，穿著正常，出入井然，不可孤單寂寥。

三是情面，人情事故，還是要相互來往。

這些都還是需用錢去維繫，沒有錢，哪能維護得了。老年生活要有錢，年輕就要準備和籌畫，不能等到年老氣衰時再花精神去想辦法。

中國國務院鼓勵以房養老

中國有 2000 萬無子女老人與失獨老人，這種保險能助他們安度晚年。

　　黃大嬸對著小劉說，兒子早年車禍往生，老伴幾年走了後，她自己單身一人，公司還有一些養老金，也有一間屬於自己名下的房子，聽說政府準備推動「以房養老」的策略。她認為他沒有需要買養老險或什麼健康險。

　　小劉平時對政府的一些政策是很用心瞭解的，他將「以房養老」為黃大嬸作個詳細說明。

　　2007年就有國內的壽險公司提出此概念，但至今日該業務仍未能付諸實踐。

　　在歐美以及亞洲的新加坡等都是較為成熟的做法。老年人可以將自己唯一的一間住房抵押給保險公司，並從保險公司那裡獲取養老金，直到終老。

　　保險公司拿到房子之後，面臨很多的事情，包括管理、物業等方面的問題都需要有專人去處理。此外還包括監管方面也有難度，現在的監管主要是保險公司償付能力監管及公司治理的監管，而當保險公司開展「以房養老」這項業務之後，如何來計算其償付能力也是需要解決的問題。還需要制定具體政策。

　　保險業曾對此進行了研討，但有三大顧慮，一是擔心「房屋七〇年產權」問題、二是擔心房價下跌、三是認為中國傳統觀念仍是將房子傳承給子女。

　　這些問題都在逐步解決，2007年中國物權法規定住宅建設用地使用權期滿後可自動續期。住房反向抵押保險是由老人自願參與的商業保險，可以做為有效補充，和政府的養老責任不衝突。

　　事實上，對於保險公司開展「以房養老」業務仍有很多問題待解，比如房子的合理估價，再有保險公司接手房子之後如何管理，以及保險公司開展這一業務之後，如何來評估其對償付能力的影響等問題仍需要進一步探討。

有壽險公司建議「以房養老」是由老人自願參與的商業保險，抵押房產後仍繼續住房，又根據房產價值每月領取給付金，主張首先用於無子女老人和失親的孤獨老人。

通過這種方式老人不僅繼續住房，月收入還比收房租高五六倍，中國有2000萬無子女老人與失獨老人，這種保險能助他們安度晚年。

台灣因為立法不易，所以要施行如同大陸以房養老的策略應該有難度，還好台灣的房地產結構較為透明和完善，除非地段或價值有問題，否則是可以賣掉或以貸款取得現金的。

中國養老市場萬億缺口待填

到2050年，中國60歲以上的人口將超過4億，佔總人口的34%左右，是兒童人口的兩倍，退休人數將達到高峰。

目前，中國老年人市場的年需求超過萬億元，但每年為老年人提供的產品不足，供需之間存在巨大商機。

中國國務院日前提出擴大養老服務產業規模，促進以老年生活照料、老年健康服務、老年金融服務等為主的養老服務業全面發展。業內人士指出，目前中國養老市場需求超過萬億元，未來發展空間巨大。不少上市公司已開始佈局養老服務業。

當前，中國已經進入人口老齡化快速發展階段，2012年底中國60歲以上老年人口已達1.94億，2020年將達2.43億，2025年將突破3億。到2050年，中國60歲以上的人口將超過4億，佔總人口的34%左右，是兒童人口的兩倍，退休人數將達到高峰。

儘管中國養老產業目前仍處於初始發展階段，但近年來中國政府推出了一些扶持政策，市場空間逐漸打開。業內人士指出，2010年中國老年人市場的年需求達1萬億元，2050年左右將達5萬億元。而目前中國每年為老年人提供的產品不足1000億元，供需之間存在巨大商機。

老齡人口的增加將拉動與養老相關的服務行業快速成長。促進以老年生活照料、老年產品用品、老年健康服務、老年體育健身、老年文化娛樂、老年金融服務、老年旅遊等為主的養老服務業全面發展，養老服務業的成長在服務業中的比重顯著提升。為使老齡生活安心舒適，像社保一樣，要靠國家的力量是不足的，所以養老險在中國，有一大片的藍天要去開拓，而明智的中老族群需加快腳步用養老險來維繫未來生活的品質。

養老險、醫療險是高齡族的必須

保險業由一個受不喜、排斥的產業，搖身變成政府出面鼓勵，要民眾大力投入參加，真是始料未及。

　　不管喜不喜歡保險，不管你擁有了多少保險，針對未來的大高齡時代，連政府都要出面來宣示、引導並協調保險公司的商品開發。大陸是這麼做的，台灣也實在還有發展的空間！

　　大陸相關部門要圍繞適合老年人的衣、食、住、行、醫、文化娛樂等需要，支援企業積極開發安全有效的康復輔具、食品藥品、服裝服飾等老年用品用具和服務產品。

　　醫療保健行業是老齡化的最直接受益者。在醫療保健和醫療護理行業中，針對老年人的藥品、保健品以及醫療器材、醫療服務等細分領域將直接受益。

　　中國的國務院印發《關於加快發展養老服務業的若干意見》中，鼓勵老年人投保健康保險、長期護理保險、意外傷害保險等人身保險產品，鼓勵並引導商業保險公司開展相關業務。據悉，目前壽險公司、中國國內資產管理等退休金融服務都在加速成長，並且中國國內主要壽險公司已邁開投資養老地產的步伐。

　　泰康人壽、新華保險、平安集團、合眾人壽、中國人保、太平人壽、中國人壽等多家壽險公司已全面展開養老地產的投資和運作。其中泰康人壽率先在國內推出與養老社區相結合的保險產品「幸福有約」計畫，僅2013年前五個月已銷售超過1000單。

　　打造服務億萬老年人夕陽紅的朝陽產業是趨勢，也是必要。因為事實的迫切性，保險業由一個受不喜、排斥的產業，搖身變成政府出面鼓勵，要民眾大力投入參加，真可說是三十年河東、三十年河西。真令人始料未及啊！

你為何能在這行業做這麼久呢？
什麼時候退休？

憑著營利或工作，我們得到了生計；因佈施與分享，我們可創造生命！

服務老張全家的保險已經十多年了，一天在泡茶時他好奇地問我。保險做了三十多年不會膩嗎？怎麼還做得快快樂樂的？！

三十多年的保險年資或許內地從業人員認為很久，但我認為這沒什麼，有人做老師一輩子，有人傳道修行一輩子，有人做企業也一輩子。甚至有人開車、工作一輩子。差別是為什麼而做，有沒有自己的人生目標和理念。

邱吉爾曾講了一句讓人深思的話：「憑著營利或工作，我們得到了生計；但因佈施與分享，我們可創造生命！」（We make a living by what we get，but we make a life by what we give）

有人為生計而做，有人為子女而做。我認為我是為使命而做。我在多年的歲月中，經手了多少的理賠案例，看到多少人因為保險讓家庭的災害降到最低，讓他的災難減輕，也看到有企業因保險反敗為勝、東山再起。

更看到多少年輕人或專業人士，或失去丈夫庇佑的婦女或原本負債累累的人士因為從事保險而得到家庭安定，或收入穩定，或創造人生的另一高峰。

保險真的是很棒，從事保險要以志業的心態經營之。至於什麼時後退休，跟上帝約會時再退休吧！

能夠多勸人買一張保單，是多照顧了一個家庭，降低了一分社會負擔。不但是一份功德事業，更是增加了自己的福德，添加了自己的生活品質，而且不用在年歲到了一個限定階段時就要退休，真是一個幸福的志業。

Chapter 6

醫療篇

客戶聞之色變的區塊

168 Reasons

Why We Need Insurance

不會那麼倒楣罹患癌症

十年後癌症將困擾中國每個家庭，最擔心的是掙的錢不夠付醫藥費。

明明罹患癌症的人一大堆，電視裡的偶像劇也常用癌症當作最不幸的慘事，生離死別都在知道是癌症時爆發。但是還是很多人不信邪，向他介紹癌症險，他還要說：「我不會那麼倒楣罹患癌症！」

我舉出當代鬼才馬雲說的一段話來敘述癌症的恐怖：「十年後癌症將困擾中國每個家庭，最擔心的是掙的錢不夠付醫藥費。」

馬雲還分享說：「我們相信十年以後中國三大癌症將會困擾著每一個家庭，肝癌、肺癌、胃癌。肝癌，很多可能是因為水；肺癌是因為我們的空氣；胃癌，是我們的食物。三十年以前，有多少人知道我們身邊誰誰誰有癌症，那個時候癌症是一個稀有的名詞，今天癌症變成了一種常態。

很多人問我什麼東西讓你睡不著覺，阿里巴巴、淘寶從來沒有讓我睡不著覺，讓我睡不著覺的是我們的水不能喝了，我們的食品不能吃了，我們的孩子不能喝牛奶了，這時候我真睡不著覺了，當年我很圓潤，十年中國創業把我變成了這個樣子，但是這個樣子並不讓我擔心，擔心的是我們這麼辛苦，最後我們所有掙的錢買的是醫藥費。

中國的藥賣的越多不是一件好事情，我希望中國人藥買的少一點，中國人能更健康一點。」

馬雲是個真鬼才，一個淘寶網在2012年的行銷額抵得過全中國整年的保費收入，這代表什麼？民眾對保險的認識還不如上網買東西，怪不得馬雲要結合其他二馬在網路賣保險，因為他有悲天憫人的熱血心腸，不忍民眾因病、意外、老年無靠，而要用電子力量推廣保險，這股熱忱很值得鼓掌。

我自己會照顧身體，幹嘛浪費錢買保險？

健康，重在觀念、重在提前把保險準備好。無事不煩惱，有事不緊張。

網路發達，每天都可以收到有價值的推文，以下這篇就是談到醫療的。當你跟客戶談到醫療險時，他猛找原因，說他「自己會照顧身體，不浪費錢買保險。」

我跟大家在早會時提示到善用這些文章。小劉聽了就把這篇文字放在平板電腦裡，當天碰到客戶就給看，居然一天成交了兩家人五張醫療保單。文章如下：

「世界上什麼車最不喜歡搭——救護車。什麼床最貴？——病床！

可以有人替你開車，替你賺錢，但沒人替你生病！

一個人走進手術室時才發現還有一本書沒有讀完，叫養生之道！

大多數的中國人，在生命的最後一兩年，花光一生的所有積蓄，吃遍所有的大量副作用的西藥，再多開幾次刀，留下一大筆債務給家人給兒女，然後死去！

還說醫院他們「騙人」，最後卻把錢統統留給了醫院！害人（最親的家人）、害己！

最可怕的是你有錢且不知能否治癒、那時是否能夠解決床位都是個難題。

如果讓你小病一星期，你會發現金錢不重要，家人和身體最重要；

如果讓你大病一個月，你會發現金錢特重要，身體和家人特特特重要；

如果讓你大病半年，估計你願意放棄眼下一切的金錢和名利去換回你認為重要的東西。

遺憾的是，這個世界大部分人都是好了傷疤忘了疼！

所以，你要知道在生命中哪些事情才是最重要。」

健康，重在觀念、重在保健、重在運動，再提前把保險給準備好。無事不煩惱，有事不緊張。

台灣的醫療險保費一段時間就要調整一次。在大陸，2013年年底時謠傳醫療險保費要調高60%。為什麼，如果不是入不敷出，如果不是理賠太驚人，保險公司也無須調高保費的，保險公司也不是調高保費而已，如果年紀大了，有醫療記錄，或者有什麼家族病史。保險公司是可以拒保、加費承保或延遲承保，千萬不要認為保險公司現實，保險公司是戰戰兢兢的，他總不能辜負健康狀態良好或不常生病的保戶的保費哩！

我很健康，很小心，不用買保險

可以不參加醫療險嗎？當然可以，只要你有夠多的錢，你在罹患重病時不煩惱。

　　林大嬸自從離開職場，經營一間小餐館，日夜親力親為，生意和口碑均不錯。小王是常客，他邀我一起到館子用餐，趁介紹海外貴賓的情份上要林大嬸來坐坐。

　　小王當然三句不離本行，要她趕緊參加醫療險。

　　「小王啊！你沒看我每天這麼忙，忙得多健康，怎麼有時間生病，保險嘛，就不用了吧！」

　　小王是有備而來，當著我們的面，打開ipad，秀出幾個有趣的畫面。

　　「健康值多少錢？

　　救護車一響，一年豬白養；

　　住上一次院，三年活白幹；

　　十年努力奔小康，一場大病全泡湯！

　　小病——拖；大病——扛；病危等著見閻王！

　　21世紀什麼最貴——健康最貴！

　　21世紀什麼樓越來越高——醫院！

　　21世紀什麼地方住滿人卻還得往裡擠——醫院

　　醫院住不進還得託關係往裡擠，什麼地方消費只收現金——還是醫院！

　　您現在不養生，以後養醫生！

　　什麼是健康？健康是自己不受罪，健康是兒女不受累，健康是少拿醫藥費，健康是多得養老費！

　　健康與金錢的關係是什麼？健康是無形資產，保健是銀行存款，疾病是惡性透支，大病是傾家蕩產！

　　辛苦奮鬥幾十年，一場大病回從前，愛妻愛子愛家庭，不愛健康等

於零！」

　　可以不參加醫療險嗎？當然可以，你有夠多的錢，你在罹患重病時不煩惱，你有用不完的錢可以找最好的病房、最優秀的醫護人員幫你復健。甚至怕冬天太冷，要去台灣養病也可以。如果沒有保險，你也支付得起，而且家庭都不用財務負擔了，當然可以不要買保險。

　　台灣有一句話：「話若說到底，眼淚流不息。」很多人以為不想、不見，就可以碰不到，但人都是吃五穀雜糧，血肉之體，會老會衰，會病會死，套句教徒所言，當大審判來臨的那一天，你有沒有害了你的家人，有沒有成了他們的包袱或障礙？

我從來沒生過病的，何必買重疾險？

購買重疾險，不是要得病，而是不讓得病，萬一有病不讓自己再煩惱。

　　小劉在早會時分享對四十多歲、單身的林大姐介紹公司剛推出的重疾險。講得很精彩、分析得很動人。

　　保險的內容真豐富，保費也合理，可是對方不領情。還扯什麼沒生過病，不用買重疾險。

　　靈機一動，小劉說：「林大姐，我看您臉色紅潤、氣色好，講話也鏗鏘有力，您不會生病的，可是您的個性耿直怕會犯小人，若有人激你，那可不太好。我這裡有一篇文章，您參考參考——

- 經常自己找氣生的人，即小心眼，如林黛玉，一般活20～50歲；
- 經常受別人氣的人，叫傭人，一般活50～60歲；
- 經常自我生氣，也常氣別人的人，叫俗人，如普通百姓，一般活60～70歲；
- 經常讓別人生氣，自己卻不太生氣的人，叫偉人，一般活80歲左右；
- 不論別人怎麼氣你也能淡然處之，叫高人，如朱德、胡志強，一般活90歲左右；
- 從不氣別人，自己也不生氣，叫真人，如孫思邈、張學良，一般能活百歲或以上！

　　我認為依照您的個性，您不會自我生氣，也不會讓人生氣，但若別人要您生氣，是容易的事。

　　而且您受了氣，您不會轉移出去，也不會讓人陪您生氣。您會吞了下去，是不是。

　　如果是，氣積胸腹，難免傷了五腑六臟，短期沒有症狀，長期對身體不好。購買重症保險，不是要得病，而是不讓得病，萬一有病不讓自己再煩

惱。」

　　林大姐聽了小劉的介紹後，想一想，笑一笑。代表認同，這生意就好處理了！

　　誰能不生病？誰能不擔心得病時家人的奔波照顧，生病時，親朋好友都很熱心地介紹良醫佳藥，可是如何才能對症下藥，藥到病除。

　　沒有人要生病，但無人能躲得了病痛折磨，奉勸世人不要怕生病，怕的是生病錢不夠用。

　　提早儲備醫療費，把醫療保險給準備起來吧！

Reason 094

我身體好，不用買健康險

治療之最重要根本只有一個字「錢」。有錢，癌就不可怕，沒有足夠的錢癌症很可怕。

太多人對著保險業務員說：「我身體好，不用買健康險，買儲蓄險就可以了，健康險保費不退，我這麼久都沒生病，保費都浪費了。」

如果你的公司健康險，是平安無事到一段年限可以退費的，你就要趕快跟客戶再解釋。但可退費的健康險當然保費要高一些，他不見得能接受，他要的是保障高、保費低，但這很難周全。

舉一些實際的數字來向對方說明，讓他趕緊接受醫療保險。

根據衛生署統計，台灣一年有四萬兩千八百多人罹患癌症，每年癌症發生率約以5%的速度攀升、每年約有三萬人死於癌症、每天都有80人死於癌症、每4個死亡者當中就有1人死於癌症、終其一生4人就有1人罹癌、約每12分鐘就有一人死於癌症、癌症身故人口中男性是女性的1.8倍、每年有500名兒童罹患癌症、每天都有上百個家庭因癌症而破碎。

台灣是如此恐怖，大陸呢？2013年的08月23日的某報報導：中國每年新發癌症300萬左右，每年因癌症死亡人數達到了270餘萬，相當於每一天有7300餘人死於癌症。肺癌、肝癌、結腸直腸和肛門癌列為惡性腫瘤死亡的前三名。

中國醫學科學院腫瘤醫院院長賀捷表示，城鄉居民中癌症分佈差異大。城市居民的食道癌、胃癌、肝癌、子宮頸癌的死亡率低於農村，另一方面，城市居民中肺癌、乳腺癌、胰腺癌、結直腸癌等的死亡率高於農村。賀捷說，這些可能與環境、生活方式和其他方面因素的影響有關。

汶川地震中有八萬四千人罹難，引起全球震動，每天癌症死亡的人數這麼多，但多少人會去正視它並設法避免。

不過，賀捷也表示，市民也大可不必「談癌色變」。一個得知自己確診癌症的病人比一個罹患重度心肌病的患者要恐懼得多，這主要是因為癌症的

 醫療篇——客戶聞之色變的區塊 | 159

威脅在這社會中被過度解讀了。事實上，世界衛生組織提出，三分之一的惡性腫瘤是可以預防的，三分之一可以治癒，三分之一可以治療。

　　既然癌症有三分之二是可以治療的，那麼就需要去研究治療的方法，包括標靶藥、特效藥、氣功、物理調整、看護等等，都是治療之所要。

　　這些治療之最重要根本只有一個字「錢」。有錢可治，癌就不可怕，沒有足夠的錢，癌症才可怕。一位保險公司的董事長，肺癌被判無可醫治，但花了三年的時間，氣功、按摩、特殊療法，花了三千萬台幣搶回一條命，若沒有這些錢，他如何撐得下去。所以平時就要儲備一筆足夠的癌症基金，若沒有很多閒置的錢，還是準備一些癌症保險吧！

你的防癌險足夠了嗎？

隨著醫療科技進步，藥品的日新月異，自費需支付的費用也越來越可觀。

　　台灣有全民健保，大陸有社保，萬一罹病可減輕民眾的治癌支出，但住的是非指定病房，使用非給付的藥物，或選擇未納入健保給付的新療法，費用就得自費。

　　乳癌是女性第四大死因，2010年的台灣有9655人罹患乳癌，自費使用標靶藥物賀癌平，標準流程一年13劑計算，約要花費台幣百萬左右。

　　乳癌患者經手術切除乳房後，面臨是否重建的抉擇問題。乳房重建不屬健保給付範圍，選擇置入性水袋方式重建，單側需六到八萬元，也有醫院收費十萬元以上；選擇自體組織皮瓣移植，約需準備二十萬。

　　妳和家人或許都已經有保「防癌險」了，但隨著醫療科技進步，藥品的日新月異，自費需支付的費用也越來越可觀。

　　早期投保的保單，真的可以因應所有的醫療支出嗎？要不要再靠「第二張防癌險」來補強癌病缺口。

　　很多人不捨得為自己投資健康保障，但有個真相你要瞭解；60%的家庭會因為你的疾病，兒孫們會變賣家產甚至舉債借貸來幫你支付你欠醫院的醫藥費，而那時候你恐怕是昏迷不醒的，什麼都不知道。

　　愛護自己就是減輕家人負擔！無論是為了自己還是家人，我們都必須及早為一定會發生的疾病儲備醫療基金，但為自己一人或為全家儲備醫療基金，倒不如參加醫療保險，保險公司的醫療保險少者千人萬人分攤保費，多者千萬、百萬、億萬人分攤保費，請想一想，如何做才是聰明之舉！

我們家族體質好、長壽，不用買

健康是無形資產，保健是銀行存款，疾病是惡性透支，大病是傾家蕩產！

　　我的一位業務員，因為常和一些江湖奇人相處，他們身懷絕技，看來健康甚於常人，甚至還常常助人危難。他要和他們談保險，常常碰一鼻子灰，不得門而入。

　　我和他研討處理的狀況。一是雖然他們身體狀況好，但外在的環境在改變，有些情況不是我們可以控制的，空氣、飲水、化學食品、速成肉品、農藥食物。日積月累，難保身體不被汙染。另外就是科技汙染，在看不到的放射和影響下，也不知道身體能不能挺得住。再來就是頻率越來越短的疫情。

　　另外是國情不同，馬雲說：「同樣的錢，中國人和美國人有天差地的觀念。美國人用100元買保健品，50元買保險，10元看病，1元搶救。中國人不買保險，50元食補，1元買保健品，10元買藥，100元搶救。」

　　大多數中國人擔心保健品會有副作用、會有依賴性而不敢吃，怕買保險被騙而不敢買。

　　還有可怕的隱憂，因為醫療藥效的進步，現在遇到意外癱瘓或重疾，要死亡已大不易，長期的照顧養護已成為家人的夢魘。根據台灣健保署統計，截至2012年為止，台灣重大傷病領證人數近90萬人，占人口數的4%。需要長期照護人口以45～64歲的醫療費用最高，其次為15～44歲，顯示長期看護的需求並非老人專利。

　　腦中風、阿茲海默症、糖尿病、心臟病、高血壓、慢性肺疾病、癌症等疾病都有年輕化的趨勢，所以民眾對於長期照護保險的認知也逐年增加，從2010年開始，長照險已掀起另一個民眾購買話題。

重病並不可怕，可怕的是重病發生後，要錢還是要命？

保障缺口隨著人生階段不同而增加，不同時期有必要加買健康險。

數據顯示，台灣每四個因病致死的民眾就有一個死於癌症，在中國，也已經是世界第二大癌症發生國。越來越多的民眾相當重視癌症保險。因為癌症並不可怕，大部分都是可以控制或治癒，可是節節高升的費用卻不是人人負擔得起的。

「我有買健康險了！」但是在面對業務員時，幾乎人人還是會說這句話。

你的健康險，真的夠了嗎？你認為健康險一次就可以買足嗎？醫療技術突飛猛進，如白內障手術從必須住院到門診即可解決、傳統開胸手術現在只要運用內視鏡就能完成，很多的手術運用雷射或超音波就可解決。各種微創手術的發明及進步，但一次的費用可能就需高達一二十萬，早期僅針對住院手術費用給付的醫療險已不敷使用。

健康險的種類繁多，包含實支實付型、日額型醫療險、重大疾病保險、癌症險、手術險、看護險、罹癌一次給付、保額先支付等等，讓你眼花撩亂，不知如何選擇。再加上產險公司也加入經營一年期健康險行列後，可選擇的項目之多，更令消費者不知從何下手。

民眾受限於預算有限或觀念不足，通常無法一次買齊，加上保障缺口隨著人生階段不同而增加，不同時期加買健康險當然有其必要。

保險業內的一份「國人健康調研報告」顯示，66%的被調查者願意購買商業保險來保障健康，只有16.1%的受調查者認為家庭有足夠經濟實力保障健康風險。

所以大部分的家庭成員還是需要用保險來維護安全和幸福的。

一場大病傾家蕩產還深不見底

現有社會醫療保險提供的是「低水準，廣覆蓋」的醫療保障，新藥進口藥都被排除在外。

上海某大型國企擔部門經理的徐女士有個幸福家庭。丈夫是個技術幹部，五歲的兒子活潑可愛。兩年前，夫妻倆在靜安區重點小學附近買了一間約一百平方米的住宅，主要是為了孩子明年能入讀該校。一家人生活幸福得很。

但人算不如天算，年初的一次公司例行體檢，將計畫完全打亂。才三十歲出頭的徐女士被查出罹患了乳癌，雖然徐女士的公司按照政府規定足額繳納保險費（四金），還給員工買了一份普通的商業醫療保險，可這些錢比起龐大的醫療費，只是杯水車薪，在做了切除手術後，淋巴結轉移仍須後期治療。醫生建議是，社保險的藥是基礎藥物，效果差、副作用大；進口藥效果好、副作用小，但是價格高並且必須自費。

一旦得了病，什麼都可以省，醫療費不可省，徐女士除了手術費，後期治療中花了約二十四萬人民幣，分別用在六次化療、六次基因治療。社保只有兩萬多元能報銷。

積蓄花得差不多了，後期療養費還是個無底洞。當時沒再給自己買份重疾醫療險，徐女士真是懊惱不已。

不少年輕上班族都仗著自己年輕、沒病沒痛，只想存錢趕快買房。事實上，對於日益高漲的醫療費用。現有社會醫療保險提供的是「低水準，廣覆蓋」的醫療保障，許多效果好的新藥及進口藥被排除在醫保範圍之外。

基本醫療保障只能是「保」而不是「包」。「保」即有一個基本的保障，超出部分還是要透過商業保險解決。

Reason

099

重大疾病保險投保率飛速上升

六成癌症患者的子女會放棄治療。但兒女得了癌症，所有的父母永不放棄！

統計數據指出，台灣平均每年每10萬人中就有391人確診癌症，換算後平均每256人就有1人發現罹癌，平均約5分48秒即1人罹癌。而且這數字還在攀升中。

沒有人會因為買了保險而傾家蕩產，但很多家庭卻因為沒有購買保險而傾家蕩產。

重疾險創始人南非醫生馬利尤斯・巴納德博士曾說：「醫生只能解決一個人的生理疾病，但不能解決疾病背後的家庭經濟生命。」

不買重疾險的好處是：省了一筆錢。壞處是：在這個充滿意外和疾病風險的「工地」上，您連一頂最基本的「安全帽」都沒有戴！結論是：贏得了一筆小錢，賭上的是您的生命安全和家人的幸福！

保險不是儲蓄，是保護您的儲蓄；買保險不是投資，是讓您投資更放心；保險不是花你的錢，是讓您守住錢。保險是一切投資活動的前提。

據調查顯示，約六成的癌症患者的子女會放棄治療。但如果兒女得了癌症，百分之一百的父母選擇永不放棄！

父母的愛伴隨著你一生，哪怕他們已經年邁。新加坡的電影「錢不夠用」，描述的是母親把本來要輸進她身上的血給了車禍的孫女。

如果父母親選擇永不放棄，但在他們的下一代罹患重病後，他們便要迎接更困苦的未來，身為被照顧的子女，情何以堪呢？

醫療保險應定期檢視一次

癌症險、重大疾病險最好從幼年期就投保，保費低，繳費期滿就可終身保障。

在生老病死殘裡，沒有人不怕病的。根據統計，0～9歲的幼童，以及60歲以上的銀髮族，是醫療費用最高的兩個階段。這是夾在中間的撫養族最怕的一件事。

一份醫學雜誌的評估，台灣0～9歲的幼童，平均每人每年醫療費用為新台幣約2萬元，60歲以上的銀髮族，每年醫療費用更要新台幣7萬元。而一生中醫療花費大概超過新台幣300萬。這是一個相當可觀而且恐怖的數字，如果不是有準備的家庭，這數字會把家庭經濟拖垮。

不同人生階段保障應該有不同需求，最好每隔一段時間就需重新檢視手上醫療險保單是否符合現階段醫療需求。

人生在不同階段對醫療保障需求都不同，幼兒階段抵抗力較弱，容易得到病毒感染、呼吸道及消化系統疾病。青少年時期因正值發育，運動量大增，伴隨而來的就是各項運動及意外傷害。

青壯年階段，隨著疾病年輕化，要格外注意癌症等重大疾病；老年階段是醫療花費最多的時期，慢性病、輔助器材、看護，是省不了的費用。

在醫療保險的投保中，癌症險、重大疾病險最好從幼年期就投保，一來保費低，二則繳費10年、15年或20年就可終身保障，是非常划算的投資。

新生兒及幼兒階段應著重於住院日額給付，青少年階段可以考慮加強意外醫療給付，青壯年建議加強重大疾病及特定傷病給付，銀髮族除了醫療保障之外，附加長期看護或日額給付是必要的。

家中有年幼子女或與父母同住，一旦需要住院治療，雙薪父母勢必有一人需請假陪同，請假陪同照料造成的經濟損失也應一併考慮進去。

Reason
101

如何購買完整的醫療險？

住院日額就比較單純了，只要住院不超過約定日數，理賠就容易多了。

醫療險種類繁多，怎麼買才完整？到底有何差異？如何投保才合乎需求呢？

醫療險分成「實支實付」與「住院日額」兩種型態。另外又有「帳戶型」和「倍數型」的差異。還有罹病一次給付的險種。所以要懂如何選擇對自己最有利的項目。

實支實付當然就是用多少賠多少，但並非依單據都賠付，有各項上限和比例，有的開刀手術比例高，如放支架。有的比例低，如小手術。

病房費有上限，膳食費或雜費也有上限，加上有些費用只限收正本收據，所以保戶常常和保險公司議論爭執，但條款在哪，依據在哪。不是用多少給多少的。

住院日額就比較單純了，只要有住院，且不超過約定日數，理賠就容易多了。

帳戶型也蠻單純的。投保一個額度，有用即扣錢，剩下的金額或都沒用，身故全賠。而倍數型則在理賠上有它的倍數給付。

要注意的是，日額型醫療險可選擇「定期型」或「終身型」，實支實付卻統一只有「定期型」，目前最高承保年齡75歲或80歲，所以實支實付加上日額型醫療就是很好的選擇！

實支實付型的有些公司可接受副本理賠，這是不錯的額外補助。

也有罹患重大疾病符合保單的定義與標準，就可以一次領回保險金的「重大疾病保險」。

傳統的重大疾病保險保障七項重大疾病，除了癌症，還包括心肌梗塞、冠狀動脈繞道手術、腦中風、慢性腎衰竭（尿毒症）、癱瘓、重大器官移植手術。

另外也有二十餘種傷病的「特定傷病保險」，除了七項重大疾病外，加上其他常見特定傷病，例如阿茲海默症、帕金森氏症等。

　　注意，保費有的是平準制，一投保就不再變動，有的是逐年或每五年增加。總之，醫療險是越年輕投保越划算和越沒有風險。

　　醫療險項目眾多，而各保險公司每隔一段時間就會再推出新險種，一般人是看得眼花撩亂，所以還是要倚重有經驗的保險業務員每隔一段時間檢核一次，才不會浪費醫療資源和保費！

Reason
102

為什麼要買醫療保險？

重大疾病的治療費用，不應該只關注住院費用，還要關注康復費用。

　　為什麼要買醫療保險？在大學保險系講課時，班長問了這個問題。我知道她是明知故問，我翻一翻手上的資料，向學生們做一個相關的數字分析。

　　我們現在身處在風險無處不在的世界。禽流感、地震、火災、暴力事件、戰爭等。

　　台灣在2012年的死亡率是千分之6.63，癌症連續30年高居死亡原因第一名。每12分21秒有一人因癌而身故，癌症身故佔總人數28%。

　　中國人的死亡率大概是千分之7，以14億人口而言，每年約有一千萬人會離開這個世界。死亡原因是什麼呢？意外和礦場事件一發生都驚天動地。但車禍致死，一年的人數不會超過10萬；礦難，一年低於1萬。過勞死，一年有60萬，自殺的有26萬，加起來也不到100萬，其餘900萬是什麼原因？

　　是疾病事故！癌症已經多年成為第一殺手。中國每分鐘有6人確診罹患癌症，每天就是將近八千人，一年超過300萬。

　　——75%的人在一生中會罹患癌症、心臟病或者腦中風。

　　——約三分之一的人會患癌症，十二分之一的女性會患乳癌，50%會存活5年以上。

　　——約30%的人會患心臟病，三分之二的心臟病存活者無法完全康復，其中77%會存活5年，58%會存活10年，47%會存活13年。

　　——10%的人會患腦中風，70%的中風患者會存活下來，其中31%的人需要別人部分協助才能生活，27%的人需要別人協助才能行走，16%的必須進專門的看護機構。

　　所以，重大疾病的治療費用，不應該只關注住院費用，還要關注康復費用。

到底該買多少重大疾病保險？

買保險要買全。有一個建議，就是重大疾病保險＋定期壽險＋意外傷害保險＋住院醫療保險＋意外醫療保險。這樣才能完整。

　　一位大陸的網友說，他常在網上看到有人談論醫藥費用有多貴，於是他自己也去從報章雜誌和網路資料去搜尋，不搜尋還好，越看越是心驚膽跳。

　　一顆小冶癌藥丸要人民幣120元，新台幣600元，一天要吞好多顆；手術費、住院費、護理費等等更是要幾萬幾萬，後來他買了保額100萬元人民幣的重病保險。

　　買保險要買全。有一個建議，就是重大疾病保險＋定期壽險＋意外傷害保險＋住院醫療保險＋意外醫療保險。這樣才能完整。

　　2012年中國的人均保額才人民幣1.1萬，壽險額度如此低，可想像醫療險也高不到哪裡去，在高成長的財富國度中，這麼低的保額，那是在開玩笑！

　　買重大疾病保險，通常只考慮平均的治療費用，但這部分只占三分之一左右，出院後的康復費用還有兩倍。如果一個人有負債，也要考慮這個額度。

　　所以買多少重疾險呢？重大疾病治療費用＋家庭負債（房貸）＋康復費用＋去世後家人的5～10年的生活費用。一個家庭買重大疾病保險，是要人人都買，不能主觀選擇風險。

　　買了保險之後，會有兩種結果：一種是有一天用到了，證明買對了，肯定需要這筆保險金，感謝當初的英明決定，給自己雪中送炭，是不求人，最有尊嚴的生活方式。

　　或者沒有什麼感覺，無非是你很健康或者很有錢，也不必後悔這筆微不足道的投資，錦上添花沒有什麼不好的。幫助到大眾降低保費，提升投保率，也是添造功德的一種好事。

長期看護險是新趨勢

無論是哪一種類型的長期看護險，都有投保體況及最高投保年齡的限制。

　　因為時代的變化，醫療的進步，人口的老化，需要長期看護的機率大幅提升，家庭人口簡單化，發生需要長期看護，一則無法照顧，二則醫療費用沒完沒了，大家苦不堪言，罹病者更是苦在心裡口難開。安樂死於情於理還不能做到，龐大的支出要從哪裡來？

　　所以，應該盡早在經濟狀況許可、身體狀況也可以的時機下。趕緊參加「長期看護險」！

　　長期看護險，通常是以失能或失智狀態為給付標準，包括無法自行起床、走動、穿衣、沐浴、進食、如廁，後者則是指在意識清醒的情形下，失去思考、理解、推理判斷及記憶能力，或者無法正確分辨時間、場所及人物。

　　長期看護險的給付內容通常包含一次給付的「長期看護醫療養金」與分期給付的「長期看護保險金」，一旦符合條款的長期看護狀態，保險公司就會開始給付保險金。

　　另有在發生事故時先賠付一部分保險金，然後逐年或逐月分期給付，在身故時還有一筆理賠金。

　　無論是哪一種類型的長期看護險，都有投保體況及最高投保年齡的限制，大部分商品必須在65歲以前投保，有些甚至超過55歲就不能買，要替自己及家人建構長期照護的防護網，年輕時就應該要規劃了，以免老來有錢也無法投保。

　　也有類長看險，還本設計兼顧儲蓄，針對罹患腦中風、阿茲海默症、帕金森氏症等九項易導致長照狀態的特定傷病罹病後每年給付保險金，與長期看護險給付方式相似。預算充裕的人還可選擇還本設計，買保障同時也達到儲蓄效果。

我要向產險公司買健康險，比較便宜

比壽險公司的健康險便宜，對初入社會的年輕人而言是不錯的選擇。

有客戶反應說，他向產險公司投保健康險，價格比壽險公司的低很多。

台灣的產險公司從2008年開始經營健康險，目前仍未開放保證續保，因此產險公司「健康險」屬於一年一期、不保證續保。

因此保費比壽險公司的健康險便宜，對於初入社會的年輕人或預算較低的民眾而言是不錯的選擇。

但初次投保產險公司的健康險，有三十天或九十天的等待期，隔年續約時就沒有等待期的問題。

產險公司的健康險不保證續保，所以，一有狀況，明年可能無法續保，因此，一罹病立刻整筆給付後保單就失效的健康險，是值得購買的商品，一次給付的防癌險、重大疾病或特定傷病險都具有這樣的特色。

目前也有一些公司考慮到職場環境有罹癌或致病的因素，所以整個團體都向產險公司投保，當然員工若離職，這份保障也中止了。

還可適用在一些特殊的族群，如購買健康食品的會員，若食用健康食品罹病就給予理賠，有一點責任保險的意味，但卻是甚有特色！

再做個強調說明，產險公司的健康險雖是比壽險公司的健康險來得保費低廉，但不保證續保卻是一定要考量和顧慮到的問題，生病非自己之所願，有時生的病並非要命的大病，但一經告知或理賠，承保的產險公司即有權利拒保，最需要保障時卻不得其門而入，那就太遺憾了！

長期看護險是銀髮族的保障

20年內長期看護需求勢必成為嚴重社會問題。規劃退休後生活最好要將長期看護費用估算進去。

　　隨著台灣人口老化，經建會推估，2030年失能人口將達121萬人，20年內將成長近1倍，加上少子化的影響，未來長期看護需求勢必成為嚴重社會問題。

　　目前市場上長期看護險大致有兩類類：

　　綜合保險型：具有壽險及長期看護保險之給付，此類型商品因具壽險給付、具解約金，壽險給付不需扣除已給付之長期看護保險金。

　　健康保險型：又稱半帳戶型，除長期看護之給付外，身故時僅退還所繳保費一定比例（如1.05倍），需扣除已給付之理賠金且無解約金。

　　在規劃長期看護險還要注意哪些事項呢？

　　目前民眾在規劃退休生活，多半會考慮到退休後每個月生活費或者生病時會多一筆醫療費用。

　　但光有上述這兩種險是不夠的，生病後，生活無法自理，需要有人照料，除非退休前累積相當的財富，不然規劃退休金最好要將長期看護費用估算進去。

　　台灣一位外籍看護費用目前一個月要2萬多元，24小時本籍看護則要6～7萬元，不管是2萬多或者6～7萬元，都是一筆不算少的費用。

　　很多人自恃身強力壯，喝酒、抽菸，暴飲暴食、熬夜、不運動，對保險嗤之以鼻。殊不知，浪費的款項中用一小部分來買保險即綽綽有餘，不要在身體發生狀況，突然生活陷入困窘，再來後悔就來不及了。

買長看險前，要注意理賠條件

投保時可視實際需求選擇適合之商品投保，也須慎選夠資格的業務員，看他們對長看險是否都已了然於胸。

　　長期看護險是未來的主流和民眾不能不投保的保險，也是越來越受到關注的話題。

　　買長看險前，不是比較保費高低，最重要的是需要用時，「長看險」可以幫忙分擔財務壓力，可以讓自己活得更有尊嚴，所以買長看險要仔細研究保險合約內容。

　　「身故保險金」、「祝壽金」、「長期看護關懷保險金」，也有針對一發生「失智」就給付一定金額，有的是發生「意外殘疾」也可以月給付。另外，還可附加「豁免保險費」，發生事故之後，得到給付，日後保費不必再繳。

　　長看險保單有所謂的「等待期」，有的是60天，有的是90天、甚至180天。

　　請領長看險給付一定要經醫院專科醫師診斷確定符合各保險公司契約所定之條款才可以請領。目前各家保單約定不同，會影響到民眾可否請領問題。

　　「需要長期看護狀態」，有些保單定義是「以需長期臥床」為要件；有的就以「無法自行飲食、無法自行穿脫衣物、無法自行走動、無法自行就寢起床、無法自行沐浴以及排便尿始末無法自行為之」六項中符合三項就可以請領。另外，對於「殘障」也有等級上的差別。

　　投保時留意需要長期看護之定義與給付內容，才能讓長期看護險發揮最大保障功能，也須慎選夠資格的業務員，看他們對長看險是否都已了然於胸。

我已有健保不需要再買商業保險

生病時心情不好，卻還要忍受比家裡更差的生活水準，難道這是大家願意接受的事實？

　　劉先生對我提出一個問題，他說已經擁有健保，是否還需要買人壽保險？

　　我說：「劉先生，我想請問您，平日努力工作賺錢的目的在哪裡？是不是為了提升自己和家人的生活品質？但是您現在只有健保，您自己也很清楚，萬一有了病痛或受傷時，您卻必須忍受次一等的醫療服務，譬如住院時好幾個人擠在一個病房裡，門診時掛號就要花一個上午。劉先生，這樣的狀況您願意看到嗎？」劉先生搖搖頭。

　　生病時本來心情就不好，卻還要忍受比家裡更差的生活水準，這難道是大家願意接受的事實？

　　有了健保之外，再購買一張完整性的保險，可享有三個好處：

- 醫療時，可選擇較好的病房及醫療服務，費用差額由保險公司負擔。
- 萬一身故時，可讓家人得到實際的金錢幫助，避免日後負擔。
- 退休時，可從保險公司得到一份預定金額，讓自己的生活水準得以維持較高層次。

　　健保裡有以下不管的幾件事，需要你自己付費與張羅：

❶ 手術中的自費器材（健保清單名錄中自費器材及藥物都是不可報銷，一個人生病時，為了醫治，用的都是好器材，而這些器材都要自費的！）

❷ 自費藥物，很多病人的特殊藥品都是進口自費藥品，這是要自己付費的！

❸ 病房差額，如果你不想和一堆人擠在一起，你住的病房是單人或較好的，你要補差額，連帶很多費用都會順便調高。

❹ 住院期間家屬額外開銷（住院了家屬要照料，不光是病人累，家屬也累，飲食起居、醫務照料這些都是要費用的）

❺ 住院及在家休息期間工資及獎金（住院及回家休養期間，按正規的勞動手

續只能有基本生活補貼，主體工資和獎金不會有哪個公司會願意給的。）

6 未來的收入損失（因為生病住院後影響未來的工作及收入，甚至某些大病後是無法再繼續工作了，斷了收入和生活來源這是個很大的問題。）

甚至還有一個一般人想不到的開銷，好像是周潤發演的一部電影！他演個被黑道開鎗後雖然治癒的大哥，但下半身癱瘓，回到家中後，所有的物品，如桌椅、樓梯、洗手間等，都要配合他的復健而改造，這些都還是要龐大的費用的。

所以只有基本保險的您，為了未來家庭經濟的支出著想一定要未雨綢繆！提前給自己和家人購買充足的人壽保險吧！

我有政府的保險、政府照顧我，不用再買

住了院，家庭經濟來源因此斷了，家庭開銷增加，這些都是要靠我們商業保險來支援的。

李大叔是退役軍人，一生為國奉獻，退役下來之後，政府給他住的、用的，還有月俸，生活還滿自在的。小陳是他的姪子，跟他談到保險，要他多做些保障，他就不認同了。直說「我有政府的保險、政府照顧我，不用再買。」

我跟小陳說：「您可以向他問道，有沒有去過醫院探望生病的夥伴，他當然會說有。

你問他，政府提供的醫療服務應該品質不會差，但是病房或待遇如何。與一般自費住院或保險支付所住的病房有沒有差別，感覺如何？

我們來做個分析！政府的社保是一般性的，沒辦法給追求高生活品質的人比較高的社會福利，所以生病時可能就一群人擠一間病房。你想一想，平常在家一個房間兩個人都還嫌吵，五六個擠一間，加上陪同的親人，有人聊天、有人看電視，有人夢遊講夢話。如何能好好養病呢？

若要比較好的病房就必須自行再負擔費用，你要多付一些看護、醫療費用，甚至因為住了院，家庭經濟來源因此斷了，家庭開銷增加，這些都是要靠我們商業保險來支援的。

當你知道這些實例和利害關係時，大家就會明瞭實在很需要商業保險來彌補政府社保的不足的部分。」

Chapter 7

頂級VIP客戶篇

富人就不需要
保險了嗎？

168 Reasons

Why We Need Insurance

有錢人不會買保險的

有一些頂級人士，不但不排斥買保險，還利用保險賺錢呢！

你會很難相信，有些頂級人士不但不排斥保險，還利用保險賺錢呢！

我就見過一個我公司的保戶，他光是從業務員那邊，保單買了三十幾張，還不時加保，連同別公司已有的單子，總共有一百多張，為了龐大的數字，他用了兩個專職的職員在計算，安排繳費等事宜。如果不是有利可圖，他怎麼會買得這麼起勁？！

另一個案例是這樣的。一個炎熱的下午，業務員要我幫她的忙，他的客戶買了很多的保險，但因美國在查有綠卡者的保險狀況，她嚇得把要保人的名字改到女兒身上。

她把一袋子的保險給我看，真是眼花撩亂，加上有已經變更的、滿期的、不同公司，不同內容的。一下子還真無法掌握。業務員在旁邊一再要她再買或貸款出來再增加額度。但她卻是一臉茫然不知如何是好。

我踢了業務員一腳，就明白此時她不該亂出餿主意，立刻閉上嘴。

我笑笑地說：「高媽媽，你聽我說，如果我沒有猜錯，這些保費、保額，對您而言，不過是資產的九牛一毛而已。

我覺得您先不要更改要保人，因為這反而會製造出贈與稅的問題。我請公司的專門人員幫您把所有的保單作總整理，做出一份保險歸納表給您。

然後我再找一位法務專家將您的所有資產進行總計算，計算您的資產現值、未來值有多少，再加上您可能要轉贈給家人最恰當的金額，也要算出萬一您百年後稅務機關要的各種規費和稅金，然後我們一次用保險補足，可能要好幾億，但這樣才能解決問題，您覺得我這建議如何？」

高媽媽想了一陣子，點點頭，表示對我的建議認可。

我已經很有錢，不需要保險

您已經有很多財富，不但需要買保險，更應該多買一些。

李董是上市公司的負責人，同時身兼幾個財團的董事。

當我向他介紹保險時，他脫口說：「你也知道我的身價是好幾百個億，不需要買保險了吧。」

我笑了笑說：「是的，李董，您的財產很多，可是能讓財產更充實的建議，您不反對聽聽吧！」

「當然不反對！難道你有什麼妙方？」李董接著說。

我回道：「一個有龐大財產的人最怕誰？雖然他的公司每年按時申報報帳，也奉公守法地繳交所得稅，但萬一哪天他忘了呼吸的時候，誰會比他更關心他的財產？難道不是國稅局嗎？未來中國一定會實行遺產稅的，屆時有一億財產的人，除了免稅額、扣除額等，遺產稅繳個兩三千萬是很正常的，而且必須用現金去繳納，時間限半年內，頂多再延個半年。李董您說對不對？」

「可是這跟保險又有什麼關係呢？」李董問道。

我說：「一個成功的企業，在外週轉用的資金必定不在少數。而個人所擁有的財產並不全部都是現金。為了籌足現金繳遺產稅，可能需要變賣土地、房子或有價證券等。如果不幸碰上經濟不景氣，緊急要換現金時，搞不好打五折都沒人要呢！這一輩子辛辛苦苦打拚下來的財產，到底能剩多少給家人？眼前所擁有的財產數字又有何意義呢？」

「嗯，說的是！」李董點點頭。

「我們有一個方法，可讓屬於您的錢永遠都是您的，而且還可以增加價值。我的建議是當一個人健康時，先為自己做資產配置，一部分配置在足夠保護財產的保險，剛才提到遺產稅問題，一億財產大概要繳個兩三千萬稅金，如果買兩千萬的保險，一年只不過先存幾十萬元左右的保費而已。請注

意，幾十萬只是兩千萬一年的利息而已，用利息可以維護本金的實質價值，您說這個效益好不好？」

「而且假設在預定的期間內都沒有發生大事故，繳費期滿後可選擇解約或終身保障，如果終身，自然可以繼續保持財產的稅金準備，如果解約，拿回的錢會比當初所繳的錢多，因此有事護產，無事增產，您不覺得這個資產配置很划算嗎？況且這筆投資最有力的地方在於回收金都免稅，所以，李董，您已經有很多財富，不但需要趕快參加保險，更應該多投入一些。」

名人用保險維持光環

明星和名人最有價值的生財工具就是自己，所以都會對自己最重要的
身體部位購買鉅額保險。

　　明星和名人最有價值的生財工具是自己，往往對自己最重要的身體部位
購買鉅額保險，美國財經新聞網站曾列舉「最瘋狂的九張名人保單」，掛頭
牌的是瑪麗亞凱莉投保美腿10億美元。

　　第二名是足球名人貝克漢全身投保1.95億美元。

　　第三名則是前職棒好手馬奎爾投保腳踝1.2億美元。

　　第四名是英國經典搖滾樂團The Yardbirds前吉他手傑夫貝克，手指投保
1000萬美元。

　　第五名是美國電視影集「醜女貝蒂」女主角亞美莉卡‧費雷拉，她的微
笑投保1000萬美元。她為潔牙產品代言，廠商為她投保，她謙虛地表示：
「真是太抬舉我了。」

　　第六名是「滾石」合唱團主唱布魯斯‧史賓斯汀為聲帶投保550萬美元，
顯然他很滿意他獨特低沈的嗓音，而這嗓音也是他的生財之道。

　　第七名是名模海蒂‧克隆的美腿保了200萬美元。

　　第八名是滾石吉他手基斯‧李察茲，為雙手投保160萬美元。

　　名列第九的是美式足球匹茲堡鋼鐵人隊的薩摩亞籍球星波拉馬魯，不是
保他的身體，而是為一頭長髮投保100萬美元。據說他已經10年沒剪頭髮，是
洗髮精海倫仙度絲的代言人。而知名影星，如成龍、李連杰、周潤發、周杰
倫等，拍片時一定要投保高額意外險，林志玲幾年前到大連拍片墜馬，專機
送回台灣，耗資一百多萬也是用保險理賠金的。

　　和他們比，企業家或許財力和他們相當甚至超過，但知名度肯定沒他們
高，他們能買高額保單，企業家也應該多買一些來彰顯自己的價值。

讓溫世仁提供您一些警惕吧！

溫世仁遺產稅高達六十億。國泰人壽蔡萬霖身價千億，但遺產稅才繳一億而已。

以下提供一些可供警惕的話語給財富頂級人士吧！

- 人兩腳，錢四腳。借錢、賺錢八隻腳，賺錢免稅32隻腳。
- 財富顯示身分，理財襯托身價。
- 用錢賺錢聰明人，規劃賺錢智慧高。
- 利息錢買保險，保證你賺本金。
- 有錢很好，有閒更好，健康是寶，規劃要早。
- 早知道不一定做得到，做得到不見得肯做到，看開立刻做才辦得到。
- 人走時帶走賺錢的能力及價值，先規劃可將能力及價值一次補足。
- 人的遺憾是：留錢給下一代過更美好的生活，但往往看到下一代為錢而爭吵。

2013年有人籌拍一部一定會讓人感動的電影「溫世仁傳」，他是位科技界名人，但他的名聲不在事業有成，而是胸懷人文，致力推動「知識」的文化人。

他生性達觀，從科技公司基層工程師做起，二十四歲當上廠長，二十五歲即任總經理，因工作的關係，走了將近五十個國家。從三十二歲進入英業達集團，最後當上副董事長，而且是公司第二大股東。

他在五十歲即決定不當生意人，成立「明日工作室」，致力推廣「知識」及「文化」。特別是協助大陸的窮鄉僻壤，蓋學校、建網路，推動軟體工程，千鄉萬才計畫加惠萬千民眾。他分享出了數個億。

但不幸於55歲驟逝，隔年接受遺產的夫人也過世，遺產稅共高達台幣六十億（相當人民幣十二億）之多。相形之下，台灣國泰人壽蔡萬霖董事長身價千億，但身前透過規劃，也才繳一億左右的遺產稅而已。

若他能事先規劃，用兩三億保費即可維護六十億的完整。六十億的金額若用來蓋希望小學，可蓋到一萬所學校。若每一所學校受益1000個學童，即可幫助了數千萬的家庭及學童。

　　現在的大陸的富人族群甚多，出國闊綽的出手讓全世界側目，甚至購置地產已買到歐美的大都市黃金地段。但雖富未貴，往往讓人感覺到暴發戶的狂俗，未能盡到為富又仁的喜捨高尚身影。

　　真希望他們能以溫世仁或歐美富商的回饋社會為借鏡。假如捨不得捐出現金和資產，建議用保險行善吧！

　　先買下幾個億的保單，用信託在身故後長期濟助弱勢族群。若能推動，總比看到頂級人士的財產在一定會離開他，但沒好好規劃所產生紛擾的困境好吧。

　　我們以一筆億元的金錢來看待它的功能和後果！

- 放銀行，定存利息不高，而且有被徵稅的疑慮。
- 投資股票，一上一下手續費被扣，利益未卜。
- 買房地產，未來趨勢不明，有套住或下跌之虞。
- 借給熟人賺利息，有被倒掉之危險。

　　這些鉅款若沒安置好，萬一人走時還會引來家人的爭執和吵鬧。

　　但如果是用保險來作規劃，則可以合理公平分給下一代，無人爭論，保險金不但不再扣稅還可作為繳稅用的現金。

　　甚至還可用身故理賠金成立基金會，槓桿效應造福更多弱勢族群，其功德更是難以言喻。

我錢多的是，為何要買保險

才一年多，五千多萬只剩下兩百萬，而治療還沒有看到成效，怎麼辦？

以下是一個高資產人士的真實故事。原本公司業務興隆、財富無缺，卻在一夕之間狀況都變了。

一對夫妻，膝下無子，事業穩定，收入可觀。出國遊玩，一個四十萬台幣的琉璃杯可以不假思索地就買下。優渥的日子，讓大家羨慕。

當然有朋友勸他們買保險，他說一個月賺一百多萬，銀行裡隨時有三千萬的存款，何必要買保險。

一次家族聚會，他缺席了，因為一早鼠蹊部劇痛，醫師說有腫瘤要檢查，從此進入治療過程。恩愛的太太為了陪伴他，公司收了，賣了股份進帳兩千萬。

四處訪名醫，沒有了固定收入，支出卻如流水般迅速。才一年多，五千多萬只剩下兩百萬，而治療還沒有看到成效，太太驚慌地問，怎麼辦是好？

價值五千萬的房子先是抵押出三千萬出來，但後來看光繳利息也不是辦法，只好忍痛賣了。但被殺價，只得到四千萬。經過兩年的治療，人還是無法救回來。

當時若能在收入的一小部分買保險，如五千萬的終身險加防癌險，一年了不起五六十萬的保費，對他的收入是九牛一毛，但太大意了，以為一切都可以掌握，結果事業沒了！命沒了！錢沒了！什麼都沒了！

因為沒有防患萬一，讓損失達到上億，太不智了。太多的企業家在風光時，往往看不起保險，不屑買保險，把錢花掉或四處投資，投資不是壞事，但缺了保險的投資，往往隱藏了危機，一個連鎖的傷害，造成潰不成軍的痛苦，此時再想到保險，必然是心痛矣！

我是億萬富翁，沒有負債，根本不在乎保險

用保險管理錢，錢是你的，而且會越用越多，還能在百年之後，子女按我們的要求管理財富。

面對業務員，王董說：「我是億萬富翁，沒有任何負債，我根本不在乎三百萬、五百萬，或三千萬五千萬的保險理賠。因此我真的不需要買保險！」多有氣派的一個企業家。

我笑笑地說：「你講的很有道理，像您這樣頂級的人士的確不需要買保險，但你的財產需要買保險。」

「財產需要買保險，什麼意思，是火險、竊盜險嗎？說來聽聽。」

「當然財產需要買火險、竊盜險，可是那是你可以控制的風險，不是你的最大危機，你的危機是今天你的財富是你的，但有一天上帝找我們喝咖啡，你的財富就不是你的了，你相信嗎？

根計統計，大陸富二代有百分之六十只願接手財產，不願意接手企業。企業傳承有障礙。就是二代主願意接手就可放心嗎？子女對財富的掌控能力，能否把留下的財富守好或增值，目前企業發展五花八門，機會也五光十色，會不會因為連結同是富二代，共同擴大投資，引來危機。

二是子女涉世不深，又沒有經歷過艱辛的創業歷程，只看到眼前的榮景和眾人的呵護擁護，萬一貪圖享受，過度揮霍，你會不會擔心？

但如果在生前開一個安全的閉鎖性帳戶，就是保險，不但可發揮兩個帳戶，保值及增值的作用。甚至幾個帳戶的功用，涵括保值、增值、醫療、免稅、信託、慈善等帳戶。錢還是你的，而且會越用越多，還能在百年之後，子女能按我們的要求管理好財富，享用財富，傳承財富，這個帳戶是不是很值得開呢？」

在大者恆大，小者恆小的商業殺戮叢林裡，大也可能分裂、崩散，要能富過三代，相信專業經理人，再運用保險機制，這才有機會多傳承幾代的。

財富會傳承，才不至於「富不過三代」

如何將財產傳承下去，一直是富人的重要課題。當今的名人，都有規避遺產稅的嗜好及秘訣。

在美國捐款抵稅是一項基本政策。比爾·蓋茲夫婦名下的資產超過400億美元，迄今為止已經捐出了超過250億美元。比爾·蓋茲計畫將遺產的98%捐給自己創辦的基金會，用於研究愛滋病和瘧疾的疫苗。蘋果公司前CEO賈伯斯辭世後，名下至少有三棟房產置於信託機構名下，這一舉動使得賈伯斯的財產數額和分配成謎。賈伯斯擁有市值大約20.5億美元蘋果股票及價值大約47.4億美元迪士尼股票。雖然在他去世後，其遺產被交由一個信託基金管理，以避免遺囑認證稅，但其稅率仍然高達15%。

2004年9月14日去世的臺灣首富蔡萬霖，僅僅繳納了1億多台幣的遺產稅。蔡萬霖的財產高達46億美元，臺灣當時遺產稅率是50%。然而在蔡萬霖去世之時，人們發現其名下財產僅有3億元，原來蔡萬霖生前，早已通過各種途徑將財產轉移到子女名下。

梅豔芳香消玉殞已逾10年，梅豔芳生前知道母親不善理財且喜揮霍，如果把上億財產一下子全給母親，擔憂母親會把遺產花盡，或被別有用心的人騙走。因此，梅豔芳選擇了遺囑信託，交由專業的機構打理，信託基金每月支付7萬港元生活費給母親，一直持續到她去世。

據香港的報載張國榮生前累積了3億港元資產，照香港稅法，張國榮遺產受益人應為此財產上繳4000多萬元的遺產稅。但他生前考慮周全，先後購買4份保單。所以張國榮去世後，其繼承人獲得總值約在4000萬港元的保險金可供繳稅。

前總統陳水扁曾申報4筆儲蓄壽險，其中3 筆是2003年購買的郵政5年期平安儲蓄壽險，5年後領回150萬元；另一筆是2005年購買國泰人壽利率變動型壽險，15年後領回3000萬元。根據法令，若受益人是其子女，陳水扁此舉可避繳遺產稅。據臺灣當時稅率33%，3000萬元遺產須繳納約千萬元的遺產贈與稅。他是這樣利用保險來規避稅金的。

我搞房產賺很大，不用買保險

如果這個推估是有可能的，這些房產大腕難道不該用保險趕緊儲存在安全的水庫裡嗎？而且還不能不多存一些嗎？！

客戶如果是做房地產的，而且是大有斬獲，那一定是財大氣粗，不把保險放在眼裡的。好！他既然不把保險放眼裡，那我們就要讓他放在心裡。不是恐嚇，而是有趨勢根據的。這是一位經濟學者對大陸房產的預言，我們就給這大戶看看吧！也給台灣一些有心投資台灣或大陸房地產的民眾一些警告和警惕吧！

中國的房價存在房價泡沫化。差別是房價泡沫什麼時候會破滅。

房價泡沫破滅的順序如下：先是三四線城市泡沫破滅，然後是二線城市，再然後是一線城市，最後是北京和上海。

為何呢？房價的最大因素是人口。

過去三十多年來，中國執行嚴厲的生育政策，結果是2015年中國的勞動力達到高峰，2018年人口達到高峰。人口到達高峰後，城市人口的成長就只能靠流入。流入多的城市房價會上漲，流入低的城市房價上漲慢，淨流出的城市房價則會下跌。

2022年後進入退休高峰，每年勞動力減少1000萬以上，經濟成長率劇烈下滑，房價的另一個支撐因素經濟成長，也將難以為繼。所以，中國房價泡沫的破滅會在2022年以後發生。

實際上，2022年以後的退休高峰現在雖然注意到的人不多，但隨著時間的推移它會逐步被人們認知到，一旦認識到這一點，人們就會提前做準備，尤其是2018年人口達到高峰值被人所共知的時候。

2018年甚至更早很可能是人們預期到房價上漲難以為繼的時候，一旦預期到這一點，房價泡沫破滅就不可避免了。

實際上，中國的房價泡沫已經開始破滅了。一些人口淨流出的城市，如鄂爾多斯、神木、營口等開始出現房價泡沫的下跌。隨後是溫州、貴陽等二

線城市，目前連西安都出現了房價下跌，房價泡沫開始破滅。

中國房價泡沫的破滅已經蔓延到了二線城市。可以預期的是，將會有越來越多的二線城市出現房價泡沫破滅的局面。北京和上海的房價是由全國人民推高的。所以房價泡沫將在最後破滅。當然希望這個推估是不正確，也不該被發生，因為中國人是聰明又有智慧的，加上經營商業的手法靈活又彈性特大，或許會由其他的產業或商業來維持房產的不致於大幅下挫。

台北、吉隆坡、香港，這些同為華人主導經濟行為的都市，也曾經在這一二十年中歷經又漲又跌的過程，但即使是這樣，房價仍是往上攀升的。

這是較樂觀的看法，但這要禁得起時間的煎熬和等待。

再退一步說，如果這個下挫的推估是有可能的，這些房地產大腕難道不該用保險趕緊儲存在安全的水庫裡嗎？而且還不能不多存一些嗎？！

我可以買高額保險嗎？

可是不見得每個人都可以申請高保額的。買高額保險是要條件的，不是有錢就可以買，否則就不公平了。

　　鄭小姐大學畢業後開始做國際貿易的生意，應該說是跑單幫吧。但才不過幾年時間，就搞得有聲有色。又加上理財有道，在市區裡就買了幾間房子。當然她是我們的最佳準客戶，經過業務員溝通，她買了一年繳兩百萬的保單。

　　買了保險後，她變成我們很好的代言人，她一直要她的同業們也買類似的保單，她說大家飛機飛來飛去，太不踏實了，賺了錢雖然買房，但有些貸款總是壓力。萬一發生事故家人不就慘了。何況保費拿回來不吃虧，也當作是投資的一環。

　　約個時間她把朋友都找來了吃便飯，席間大家開始問保險的問題。

　　不愧看盡大風大浪，這些人眼界不凡，大家都要求高保額。最少也要和她一樣的額度。

　　可是不見得每個人都可以申請高保額的。

　　一位老兄壯碩得很，一問血壓，媽呀！都在吃藥了，怎能買高保額。

　　一位有糖尿病，這也大有問題。

　　另一位已在保險公司有保額兩千萬，這也不容易再買高保障的商品了。

　　還有幾位財力證明恐有問題，他們都是做小生意的，沒房沒資產，資金都壓在生意上，要通過高額保單還要與公司的核保人員費口舌。

　　他們一聽要買保險還要被挑三揀四的，無不氣急敗壞。

　　我只好好言相勸，跟他們曉以大義。

　　買高額保險是要條件的，不是有錢就可以買，否則就不公平了。

　　保險是公平原則，如果條件不夠、客觀因素不對，如有些人常理賠、保額不對稱、動機有問題，保險公司還是可以拒結或延緩接受的。

一位頂級客戶的意外

金額要大一點，才足夠在他發生事情的時候，家庭、企業不再發生危機和災難。

在我剛進入保險業時，有一天走到臺北市一條叫衡陽路的一間貿易公司，我向老闆談保險，當時是先用意外險開門，五百萬！結果他一聽就買了。一個禮拜後我拿著保單要送去給客戶。

但當我送保單過去時，那老闆居然已經過世了。他是經營藤器的，他到日本深山看原料，大概是吃了什麼不乾淨的食物，半夜腹痛如絞，自恃身體健康不以為意，隨便吃了成藥。但忍忍忍，忍到沒有辦法，真的痛得不得了！往東京送，那天正好禮拜天也沒有什麼好醫生，只能拖到禮拜一，醫生來一看說，不得了了！已經惡化成腹膜炎，要開刀，他打電話叫家人趕快到東京去看他。

他還說：「你們不要怕！開刀沒什麼大問題的！如果萬一有問題的話，你就找陳某人，我已經跟他買了一張五百萬的保險。」但開刀沒成功，人走了。後來公司把保費都退回，還理賠住院幾天的錢。沒多久，他的公司也關了。

這個案例給我很大的衝擊，我深深體悟到，我們比客戶對保險瞭解，我們不可以誤導客戶，我們要讓客戶得到真正的保險利益。

趕快讓客戶買一個一定可以賠的保單，不要只買個半險。

而且金額要大一點，足夠一點，足夠在他發生事情的時候，家庭、企業不再有危機和災難。

第三的體悟是，立即讓客戶下決定，不要拖延。意外和明天誰先到，我們都沒有把握，唯有讓客戶當下做出最明智的抉擇。這三個體悟，陪我走了長遠的保險路！

企業存亡時最後的一根稻草

為個人、為企業，不可不做最好的規劃，最壞的打算。尤其是最壞狀況發生時的保命錢，不能不先準備！

這是一件發生在南台灣高雄市的真實故事。

一位名人在他最顛峰的時候買了一張高額保單，一年繳台幣六百多萬，二十年期繳費。

保費都是會計直接撥付的，所以他根本忘了這回事，而且以他當時的財力，他也根本不把保險當作一回事。

五六年之後，有天他上了報紙上的頭條新聞，因為大環境的急轉直下，他投資失利，整個企業垮了，公司被圍堵，他人也消失了，最後聽說是跑到東南亞去避風頭。

可是過了沒多久，他竟然又回來臺灣面對現實，而且準備東山再起。

他為何可以再回來？可以東山再起呢？

他投資失利，錢都沒了，是憑什麼做到的？

這個內幕其實我很清楚。

原來，他跑到東南亞後，先是向一些朋友調頭寸，但對他的幫助不大，他坐困愁城，也不知該如何是好，突然間有一天，他想到他曾經買了這一張保單，五、六年過去了，如果解約應該還有不少錢可以領吧！

於是他打電話回臺灣找到了當時承辦的陳小姐，剛巧陳小姐知道他發生事後，也正愁得不知道到哪裡去找他。

兩人通上了電話，一問到他的保單，才知道現金價值竟有將近兩千萬，哇！這真是一個天大的好消息，不但不用再避居異鄉，而且要東山再起也有希望了。

他馬上收拾行裝回台面對一切，沒想到無心栽柳柳成蔭，一張保單讓他起死回生，想想當年這筆錢算什麼呢？但誰知現在卻是可以靠它繼起雄心壯志，人生真是妙不可言，當時正確的一個觀念和決定，為今日留下了一條活

路，居然自己是最大的受益者。

　　香港首富李嘉誠曾這麼說過：「保險是企業存亡時最後的一根稻草！」這句話說的一點都不錯。為個人、為企業，不可不做最好的規劃，最壞的打算。尤其是最壞狀況發生時的保命錢，怎麼能不準備呢？！

　　一般人會用來繳保費的，通常是不影響經營的錢，甚至是稅後盈餘或本來要作為銀行存款或其他的花費，所以比較不會去在乎它。但這些本來不起眼的錢，累積一段時間後，卻往往變成重要的資金來源，如果把它當作類似滅火器、消防栓，平時並不會感覺它的存在，緊急情況來時就會產生大作用！

我有錢會照顧我自己

企業家其實最應該注意保險的配置，不要不去留意，不要以忙碌為由就隨便投保。

　　大老闆每天應酬、談生意、喝酒兼熬夜，有些還要應付小三，日夜辛勞，身心煎熬。但面對保險，常不加思索地拒絕了，不是認為保險對他幫助不大，就是對自己的身體太有把握，不相信會出什麼問題。

　　但鐵打的身體也會發生狀況。台灣溫世仁英年早逝，竹科也常發生相當多的科技新貴爆肝早逝。創辦台北貴婦百貨的梁秀卿女士身價數百億，但一經被判定是血癌不到一個月就走了，棒球名人前義大犀牛總教練徐生明，名醫林杰樑，也是突然身故。

　　而大陸因為經濟迅速崛起，大家爭先恐後的拚搏，憾事也是一件件發生。

　　先是浙江商界鉅子王均瑤英年早逝，其妻攜19億存款改嫁王均瑤生前的司機。司機幸福地感慨道：「以前，我以為自己是在為老闆打工，現在我才明白是老闆一直在為我打工！」

　　2013年8月13日南陽通宇集團董事長王慶來，43歲，身價43億！因為突發腦溢血經搶救無效死亡。

　　7月15日，御泥坊前董事長吳立君因突發腦疾逝世！年僅36歲！他是中國電子商務高級專家，湖南三創電子商務公司董事長，湖南最年輕的億萬富翁。吳立君預料到了電商的繁榮，卻沒預料到自己的結局。

　　另外幾件讓人觸目驚心的富豪也都是在三、四十歲的壯年期就離世了。

　　2005年9月，網易代理首席執行官孫德棣猝死，年僅38歲。

　　2006年1月，上海中發電氣董事長南民，腦血栓搶救無效，37歲。

　　2007年4月，綠野木業公司董事長許偉林，心肌梗塞逝世，42歲。

　　2007年12月，百度CFO王湛生意外辭世，40歲。

　　2008年7月，北京同仁堂股董事長張生瑜突發心臟病去世，39歲。

2011年2月，成都衛士通資訊產董事李學軍因病搶救無效逝世，42歲。

2011年7月，百視通首席運營官吳征游泳時突發疾病，享年39歲。

2013年6月，慧聰網副總裁、首席技術官洪廣志突發疾病，43歲。

　　一幕幕悲劇讓人觸目驚心，一個個倒下令人扼腕歎息，留下的是沉痛的思考！因為有強烈的使命感、責任心和奮鬥精神，才讓這些精英們脫穎而出，也因為身居高位，承擔著企業發展甚至生死的責任，隨著競爭越趨激烈，企業高層們需要花更多的精力和心血來應對內外環境的變化，謀求企業的利益和長遠的發展。

　　然而很多的高階管理者已經到了忘我的境界，忽視了自己的生活節奏，淡忘了自己家人的需求，無視自己的身心健康，讓他們一次次失去修整與調養自己的機會，提供保險的庇佑，無非是防護網當中的一項。

Reason

122

頂級客戶體檢，是要確認往後二十年的身體狀況

這一保證就要給您二十年，所以保險公司也要確定您往後二十年的身體狀況。

「我每年都會做身體檢查的，醫生都說我的健康狀況良好。」吳董已同意為他自己及太太買一份高額保險，但在知道投保前需要做體檢時，他又猶豫了，他怕手續太麻煩了，浪費時間。

我趕緊告訴他：「吳董，沒錯，您以前的體健狀況都很好，但因為我是要保險公司用高額度的金額來確保您的企業和家庭的財務安全，而且這一保證就要最少給您二十年的時間，所以保險公司也要確定您往後二十年的身體狀況如何！」

吳董點點頭，他在思考我告訴他的這一邏輯是否正確。

「像您這麼成功的企業家，一般的保險對您是沒意義的。讓我來安排是否能為您爭取到高額的保單，對您真正有價值的額度。體檢沒問題，我爭取的額度才拉得高，將來若是萬一有什麼狀況發生。因為這體檢是經過公司認可的醫院及醫生所認同的，理賠才不會有困擾。」

吳董又說了：「可是我每年都做體檢的，而且很詳細，難道你們公司不相信這些報告？」

我再向他分析：「吳董，不是公司不能相信您的體檢報告，是有幾個因素請您諒解，第一是時間差，您上次所做的檢查，已有半年的時間了，半年的時間說長不長，但有可能有若干變化了。而且保險所要的體檢項目和一般體檢總有些不同，為了您的權益，務必請您配合，何況體檢的高額費用並不要您支付，這全部由保險公司吸收，就是萬一拒保或您不投保也不會向您收取這些費用的。至於您以前所做的體檢報告也請借給我們參考，若可參考的項目就不用做那麼多。

「吳董，因為我要幫您做出能匹配身價的保額，才需要如此的謹慎，一般的保額哪要這麼細心，請您瞭解。」

遺產稅的困擾！

繳稅是國民應盡的義務，但事實上是沒有多少人樂意繳稅的。

深圳公佈預開徵遺產稅，這是這幾年鬧得沸沸揚揚的大事，雖然未正式確定實施日期，但已引起人們的注意，因為若實施之後，對大家的確有很大的影響。此消息傳開之後，高額保單陸續出現，購買保險的風潮也在一般稍有資產的人們傳開了。此稅率政策大致如下：

資產總和在80萬～200萬人民幣的，徵收額為20%後再減扣除數5萬（如100萬對應徵遺產稅：100萬×20%－5萬＝15萬）；

資產總和在1000萬以上的，徵收額為50%後再減扣除數175萬（如1500萬對應稅收：1500萬×50%－175萬＝575萬）。

以此案例，財富增加了15倍，遺產稅金卻增加了38倍。關鍵是遺產稅的徵收方式必須是以現金的形式上繳，時限三個月，否則將被沒收或拍賣。如今，一間房子就價值數百萬，可謂遺產稅與每個家庭都密切相關。

遺產稅要注意：

1 繳納稅金必須是子女合法的收入，不包括父母的財產，更不能是父母現金贈與。

2 納稅前需要凍結遺產。

3 五年內贈與等同於遺產，繳納相同稅收。

4 遺產稅免除：珠寶，文物。但如果子女變現，將追繳遺產稅。合法捐贈部分不計入遺產總額。

5 人壽保險不計入遺產總額。

在台灣，早些年的遺產稅稅率也是高達50%，繳納條件大致和深圳新法類似，所以發生了相當多繼承者繳不起高額稅金的實例或兄弟互推責任之事，如某保險公司的洪姓股東後人已爭論數十年還無法定案之例。

也有人乾脆放棄了。這是因為當事人身故日剛好是股市高點、房價高點，身故後狂跌，但計算必須以當日計價之緣故。

　　繳稅是國民應盡的義務，也是驕傲，但事實上是沒有多少人樂意繳稅的。

　　有些人會想盡辦法避稅或節稅，但還是人算不如天算，及早轉移財產，發生被移轉者身故或財產移轉後被繼承者人遺棄的事情，這些例子在台灣不勝枚舉，有一次公開演講時我明確地舉出五六個案例，結果當場有人向我質疑子女們有這麼惡劣嗎？我說這還是新聞媒體上看到的，看不到的還更多。

　　或者是轉移時間不對，被多追了稅款。或者是捐贈有問題被剔除，這都是聰明反被聰明誤的後果。

　　台灣在2008年稅率降為10%後，本來資產已移到境外的，有些就又轉回來，改變稅率的當年，收到的遺產稅還增加了好幾十多億。這代表多數人還是不願意多繳稅的。

　　不過，雖然台灣稅率降為10%，以有些富人的資產高達數十億百億而言，繳起來還是令人心疼和影響繼承者的現金流的。所以必要的資產配置還是免不了。

　　人壽保險不計入遺產總額，這在遺產稅法裡講得清清楚楚，所以運用保險節稅是相當明智的事。在台灣如此，未來在大陸也是必然。

買了高額保單真的會理賠嗎？

發生事故理賠後，通常要保險公司封鎖消息，可避免產生困擾。

我在扶輪社演講時，他們都說知道保險的重要，但不知道高額的保費繳了之後，保險公司真的會賠嗎？他們都說聽過保險不賠的傳聞。

我對他們這樣解釋——

大家都明瞭「好事不出門，壞事傳千里」的道理。發生事故理賠後，通常要保險公司封鎖消息，一來是避免產生困擾，這是受益人不可釋出的權益，但總是有要索、借貸或人情的壓力。能避就避，能不談就不談。

至於不賠也是有的事。在觀察期或是短期事故查出違反告知等事件。

不過保戶家屬一碰到不能賠，不論有理無理，有鬼無鬼，常常擴大視聽，希望和保險公司談判，取得轉圜機會。所以弄得沸沸揚揚，好像保險公司都是詐騙集團似的。

其實，現在的保險公司，無不盡速理賠，盡可能去維護保戶的權益。很多在模糊狀況的案例，甚至保險公司都通融了。

台灣早期理賠件都會張揚，生怕沒有人知道，但近年因民意高張，隱私權已充分被保障，所以一些高額理賠無不封鎖得滴水不露。

但大陸還是會將一些較高額的理賠件給公開了。就有一件因為報紙連日刊登了，所以我也把這案件給寫了出來。

在2013年6月8日上午，國壽江蘇省分公司俞副總經理，趕到江蘇丹陽，將一張500萬元的高額支票交到了保險受益人手中。至此，總額高達513萬元人民幣的保險理賠了。

據悉，購買這款保險產品的是丹陽當地某企業總經理李先生。他早在2000年就已經購買了國壽終身和定期保險，2013年3月又投保了意外傷害保險，三款總保額高達513萬元。3月31日下午，李先生在開車回家途中不幸遭遇車禍，當場身亡。國壽在接到家屬報案後，立即在最短的時間內協助客戶

辦好理賠手續，給遇難者家屬帶來了心靈上的安慰。

發生意外身故，如果是非本身可抗拒的，如高鐵衝撞、飛機墜毀，輪船沉沒，或者公交車、地鐵、火車等事故，這都是會在最快時間理賠的，甚至還加倍理賠。若是一般的意外疾病，透過現在的資訊科技調查等。也是會很快結案的。

有買保險出事就有理賠的機會和可能，不買保險，出事就要靠自己和靠別人幫忙，幫忙是幫急不幫長，沒有人會長期幫忙和大額資助的。

我曾經看到在保險公司任職的收費人員假日游泳身故，保險沒買多少，大家發起捐助幫忙，結果是一百多人捐款，金額才四十多萬，如果平時有買保險，花個一千元，理賠金絕對超過一百萬。

但因為沒有責任感和危機意識，連花這麼一點小錢買保險都沒有，出了事還欠下一百多人的人情債，這真是何苦來哉！

用高額保單避稅 不小心要挨罰

此案例給一些擁有高額財富的人士一個警惕、也給大陸將展開遺產稅後的民眾有個參考。

不要以為買了保險就都可賠，如果不是及早準備，不但不能得到預期的效應，甚至還要受罰。

高齡民眾生前投保，如果投保行為異常，有違一般人投保原理，且投保報酬率低於銀行存款利率，這些保單，可能被稅務員認定有規避稅賦的情況，將會按稅務人員認定的漏稅額，處以罰鍰。

業務員在招攬這類保單時，往往放大了避稅的功能，對於可能的盲點不是不提就是不知。

2013年，臺北高等行政法院對於北區國稅局一件遺產稅爭訟，判決當事人吳姓市民敗訴。法院認定吳某敗訴的關鍵，就在於吳某的母親生前投保時，經核算投保報酬率比銀行利息還低，被認為違反投保原理涉及規避遺產稅賦。

法官認為，吳母如此做法，無非以躉繳高額保費方式，藉由指定其繼承人為保險契約受益人的方式，由吳某在吳母死亡後，取得尚未屆滿的保證期間年金給付，排除併入遺產總額核算遺產稅的效果，這種作法顯然屬於租稅規避。

雖然吳姓市民主張，吳母並無帶病投保以保險給付規避遺產稅的情況。但法官仍認為，那是吳某個人主觀的見解，無法採納。判決指出，即使吳某認為吳母所投保的保單，不屬於遺產課稅範圍，依法也應於遺產稅申報書上，不計入遺產總額欄位予以揭露，但吳某並未申報或揭露，因此稅務人員對吳某漏報該等保險金部分裁處罰鍰，並無不當。

此案例給一些擁有高額財富的人士一個警惕。保險總不能渴了才挖井，急了才投保，事先的規畫好過緊急時的困擾。

保險堪當富人的財富管家

中國富人當前把「財富保障」當做第一理財目標；而保險正是他們達成這一目標的最重要的工具。

　　這是從網路上轉載過來的《保險行銷》文章，很有參考的價值。

　　《2013中國私人財富報告》揭示了一個真相：中國富人當前把「財富保障」當做第一理財目標；而保險正是他們達成這一目標的最重要的工具，將近50%的富人已購買各種保險，以規避風險，給家人提供保障。保險稱得上富人的「私人財富管家」。

　　2013年5月份，招商銀行和全球領先的管理諮詢公司貝恩公司聯合發佈《2013中國私人財富報告》，這是繼2009年、2011年兩度合作後，雙方第三次就中國頂級私人財富市場所做的權威研究。調查的樣本對象是擁有1000萬元人民幣的資產高淨值人士。

　　該報告指出，2012年中國個人總體持有的可投資資產規模達到80萬億元，高淨值人群規模超過70萬人。預計2013年中國私人財富市場將繼續保持穩健發展勢頭。

　　富人第一理財目標：「財富保障」。中國的富人變保守、穩健了，他們排在第一位的理財目標是「財富保障」；（2009年和2011年）的調查中，他們首要的理財目標是「創造更多財富」。

　　約有1/3的富人已經開始考慮財富傳承，超過1億元人民幣的超級富人當中更高，達到接近1/2。

　　這意味著中國富人的財富觀念悄然發生了變化，誰若察覺到其間的變化，捕捉住這一機遇，就有可能成為幫富人打理家產的「財富管家」。

　　保險業嗅到這一股變化的氣息，並已採取了行動。但是仍有些許顧慮，他們關注可能對財富保障帶來的政策、法律法規變動（如開徵遺產稅），同時更關注婚姻和個人健康的風險。

　　富人對家族信託、跨境資產配置等財富保障和風險分散的金融安排興趣

較高。但落實到實際的安排時，現有的財富保障和風險分散手段主要依賴保險和跨境資產配置。其中保險憑著自身的特性和功能，「暫時」排在第一位，領先群倫！

　　這是因為保險的條款理解不會太難，比其他的理財工具簡單多了，而且條款大都經政府相關部門謹慎審核，不太有模糊和無所適從的尷尬，比起其他的理財工具，如基金、投資、跨境工具，保險是方便和安全多了！

高資產家五大資產管理法

保險除了約定的事項時可以賠付外，非金錢性回報與隱性回報是不可忽視的！

對於頂級人士來說，保障、養老之類的事情對他們是不重要的。但是，富豪們往往會購買巨額保險。因為，保險的功能對他們甚為有利：

1 財產保全

2002年，全球著名的美國安然公司破產，幾千名公司員工的退休基金在一夜之間化為烏有，首席執行官肯尼士夫婦的個人財產全部被查封。唯一沒有被凍結的，是他們曾經於2000年購買的370萬美元的人壽保險。因受法律保護，債權人無法要求用來追償債款。肯尼士夫婦每年可從這份保單中領取92萬美元，安享晚年。中國法律規定：人壽保單不納入破產債權；受益保險金不用於抵債；保單是不會被查封罰沒的財產。

2 財富傳承

保險幾乎是全世界公認的以合法、合理、合規的方式留存下來並轉移到未來的最佳方式。目前，中國的遺產稅還在研議中，在國外遺產稅最高等級稅率在50%左右。開徵時，也許客戶已經失去最佳投保年齡，費率非常高或者乾脆被拒保。而且追溯期一般是之前五年左右。越早規劃，則風險相對越低。另外，保險指定受益人還可以有效避免遺產糾紛。要保人指定受益人，並且有權變更，用保險金進行家庭財產的分割，是一種好方法。

3 股東互保

民營企業一般規模小、抗風險能力比較弱。一旦股東中有一人出了意外，家屬很可能會要求撤股，企業會因為一方股東撤股而面臨解體的危機。若這個股東的家屬不撤股，其家屬不懂經營管理也會讓企業遭受損失。股東

互保可以輕易解決，即三個股東都買保險，受益人是其他股東。這樣即使一個人出了意外，也可以用保險賠償金贖回這個人的股份，企業仍然能保持正常的發展。

4 轉嫁個人的風險

假設某君30歲，年收入100萬元，計畫60歲退休，未來30年，他可以給家庭帶來3000萬元的收入。但若十年後某君意外，將帶來2000萬損失。如果此君生前投保了相應額度的壽險，那麼發生身故之後，3000萬元立即進入這個家庭，此君生命價值沒有絲毫損失，對家庭同樣盡到了自己的責任。

5 隱性價值

購買保險除了在發生約定的事項時可以得到賠付外，「非金錢性回報」與「隱性回報」是不可忽視的，比如，給社會及員工的信用認可，甚至在國外銀行的授信之一是看負責人的保險額度等。許多人購買了保險後，會覺得沒有了後顧之憂，從而對生活更加充滿信心，沒有顧慮地投入工作和生活，這也是其他理財工具所不具備的重要「功能」。

高收入的醫師也會生病

醫師更需要我們用責任險來保護他們權益，用壽險捍衛他們的健康和尊嚴。

　　台南市奇美醫院前外科住院醫師蔡伯羌四年前前往開刀房途中，因心肌梗塞倒下，腦部缺氧、記憶受損，行為退化像個孩子。但事發至今家屬僅拿到六萬二千元慰問金。蔡伯羌妻子出席記者會表示，先生倒下前，常連續工作逾四十小時，每週班表的表定時數九十到一百一十小時，每天平均工作十三到十六個小時。

　　台灣的住院醫師常過勞超時工作，最近某醫院原本有三名住院醫師輪流值夜班，但一人離職後，兩位住院醫師每月得輪班十五天，又一人吃不消離職，目前剩下的一人除了每月須值卅天夜班外，白天也得上班，醫院卻無法提出解決方法。

　　白色巨塔內的受雇醫師是被壓榨的弱勢，醫院怎麼排班，受雇醫師只能接受；一旦出事，醫院卻推說住院醫師不是院方的受雇者，企圖撇清責任。醫勞盟至今已接獲五、六件醫師工作過勞，導致腦溢血、心肌梗塞的個案，半數進入訴訟程序。

　　受雇醫師不是人幹的，開業醫師也非好事。七年前一位李姓外科醫師，因為幫車禍昏迷患者開刀，沒想到手術後患者全身癱瘓、雙眼全盲，被家屬一狀告上法院，今年三月法院判決出爐，三名治療的醫師必須連帶賠償三千多萬，引發醫界強烈反彈，有立委認為要修法，否則醫界人力不足，內、外、婦、兒、急診等，五大皆空問題，會越來越嚴重。

　　醫師看起來地位崇高，收入豐碩，但其實背後是用心血、犧牲家庭，生活沒品質換來的，因此醫師族群更需要我們用高額的責任險來保護他們權益，用高額壽險捍衛他們的健康和尊嚴。

保險的回報率還沒我賺錢快

富人必須學會利用外包的理論，賺錢的錢不要跟養老的錢、教育的錢混在一起。

　　有錢的人，容易過度自信，他們會說，保險的回報率沒有我賺錢快，何必買保險。他們忘了財富不是永恆的這一鐵律。沒有人能保證有錢人一直不缺錢，也不保證生病的時候一定有錢。

　　保險不是幫助富人賺錢，是保住富人賺到的錢。一是用保險轉移風險，把損失降到最低，不損失已賺到的財富。二是把已經賺到的財富轉移到保險公司，用保險產品鎖住財富，避免債權債務糾紛。

　　有錢人必須學會利用外包的理論，賺錢的錢不要跟養老的錢、教育的錢、救命的錢和留給子孫的錢包在一起，這就是所謂的資產保全和傳承。

　　很多富豪人士都是大量持有房產。這也是為什麼很多建商一夕崩盤的原因。他們的資本來自融資，賺到錢時擴張信用，以地養地。順利時博得暴利，在不景氣時，資產變成負債。房價大幅滑落，利息照付、物業管理費費、稅金一樣都不能省。

　　比如一棟2000萬的別墅，每年管理費20萬，稅金20萬，資金機會成本60萬，一年的成本就是100萬，若逢景氣不佳，十年沒賣出就是損失1000萬，賣出可能連1000萬都沒有。若還因碰到地震、土石流、輻射鋼筋、海沙屋等危機，這就是瞬間公司消失之原因。

　　保險可以當房子一樣買。雖然沒有高回報，但增值的時間長。如果買幾千萬保額，從長期來看，加上分紅，就是一筆養老金，等於給子孫賺了間的房產，不會有遺產稅和所得稅的問題。

　　買保險，也可以說是開了公司，不用管理人員，一切保險公司代為打理，本身企業經營得好，保險是錦上添花，企業經營有危機，保險就是雪中送炭。這也是水庫原理，企業經營好的時候，調節一部分資金在水庫裡，鎖定一部分財富，在急需用錢的時候，就是可以應急的備用金。

保險可以越花錢越有錢

世界上所有的花錢，只有保險的錢越花越變多，其餘的錢花了都沒有。

千萬不要說沒有錢，因為根據秘密法則，說沒有錢真的會沒有錢，頂多就說不方便。

存1000萬，一年領100萬出來用，這是你的錢，你高興就好。你有多餘的錢，萬一損失也不會傷了根本，你可以投資股票，投資期貨，當作沒有這筆錢，贏了最好，輸了也沒關係。

但你家的富二代要買BMW，千萬不可同意，他沒賺過血汗錢，不知物力維艱，頂多買二手給他就好了，免得害了他。

一部車假設一百萬，五年的保險費加上牌照、保養、停車、折舊，超過100萬，五年後賣掉剩不到30萬。

一套房子1000萬，裝修花300萬，管理費、稅金一年20萬，除非你選對地方，持續增值，否則是虧損的。

但是買保險不一樣，每年交10萬到保險公司（假如給一個零歲的孩子買保險），連續繳20年，就是200萬，許多人懷疑，會有人買嗎？怎會沒有，BMW都買了。如果他明白好處，他就會願意。這保單只繳20年，但持續每年或幾年領錢，加上最後的一筆錢，根據保險公司的演算法，會有約500萬，越花越有錢。世界上所有的花錢，只有保險的錢越花越變多，其餘的錢花了就是沒有了，但保險卻不是。

有人說憑什麼這麼好？因為保險公司是用客戶的錢去賺更多的錢，一起來分享，它是個金融工具。

保險是約束性的工具，不能存了就要短期解約，說好二十年期限，最少十年後解約才不吃虧，因此可作為有紀律的，可以心無旁鶩地真正存到錢。

Chapter 8

知識篇

懂保險，買好險

168 Reasons

Why We Need Insurance

Reason
131

我寧可把錢存銀行

同樣的錢放在銀行只有儲蓄的好處，放在保險公司，除了具有儲蓄功能外，尚有生命保障。

很多人認為錢還是由自己支配比較好，因此寧可存在銀行也不肯買保險。他們還認為保險公司的錢要拿出來用時還比較不方便。

我曾經為一位有這種觀念的家庭主婦做以下說明——

錢存在銀行很容易變成不是你的錢。因為：

1.容易亂花錢。

2.容易被借錢。

3.你會主動或被動地亂投資。

4.容易被至親好友騙錢拐錢。

5.萬一有侵權或擔保可能被查封。

想利用銀行定期存款，達到退休時使用的目的，會有兩種不同的後果。

一種是呈階梯狀，每年固定累積成長，這種人較有恆心，如果不半途而廢的話，日子久了總能達到目的。

另一種是呈鋸齒狀，錢存銀行帳戶，往往克制不了決心，不是拿出來旅行、置產、購物或投資，或因為突發狀況而用掉，所以永遠達不到目標。

再以存款利率而言，這幾年銀行存款利率只有1%～2%左右而已，以複利計算，每年存十萬元，二十年也不過領回二百萬左右，而且領回時要扣所得稅。若用來保險，每年存十萬元，二十年回收也有兩百多萬，因為長年期所以利率會比銀行穩定，而且免稅，因此單以回收來比較，兩者已有差別。

但以功能而論，同樣的錢放在銀行只有儲蓄的好處，放在保險公司，除了具有儲蓄功能外，尚有生命保障、不能工作的年金給付、醫療給付、全家安全及疾病的支付等。

保險公司為何做得到？因為在您第一次繳款的時候，它就要求您做長期的規劃，有恆心地續繳，它以時間換取空間，所以能有較優的條件。

保障與理財投資

「不」要將雞蛋放在同一個籃子裡，也「不」要放著不管。「要」同類比較、「要」設停利停損點。

　　投資型壽險是結合壽險和投資的一種保險商品，正式名稱叫做「變額萬能壽險」，只要挑選到優質的標的，就有機會賺到比傳統壽險保單更高的報酬，相對地，在盈虧自負的前提下，也有可能發生虧損。

　　投資型壽險幾乎都是採用自然保費，被保險人的年紀越輕，保險成本越低，無論保單的投資績效如何，都可以用相對便宜的保費獲得高額的壽險保障。但必須注意的是，投資型壽險的保險成本會隨著年齡而增加，到了四十歲以上，終身險及定期險的保費會比傳統型高。

　　民眾購買投資型保單後，往往未能定時檢視投資績效，導致績效受到影響，掌握檢視投資型保單的「二不」與「三要」，才能發揮最好效果。

　　「二不」代表的是「不」要將雞蛋放在同一個籃子裡，「不」要放著不管。保單雖然是長期規劃，但千萬不要放著不管，若長期虧損，也會影響到保障功能。而「不」要把雞蛋放在同一籃子裡，是指別將資金放在同一類型的標的中，必須做好配置比例，才能確保風險分散。

　　「三要」則是「要」由大而小、「要」同類比較、「要」設停利停損點。由大而小是指「要」先觀察整體市場表現，再評估所連結的基金標的表現比大盤好或差；「同類比較」則是「要」找出的同類型基金標的做比較，若長期績效不佳，就可以考慮轉換，若績效良好，就可持續持有。最後是「要」設定停利停損點，考量風險屬性及基金的波動程度來設定範圍，讓獲利可以落袋為安，且確保損失不會擴大。

我要移民，買保險有用嗎？

出國後萬一水土不服或有什麼狀況，去了再買是來不及的。

　　這幾年因國內經濟狀況大好，但居住環境卻差了，很多企業家為了在功成利就後就想移民到國外定居。

　　我向黃先生勸導購置一張吻合其身分的保單，但他卻用即將移民來拒絕。

　　我問他決定什麼時候移民。他回答，還沒做最後決定，但如果一經決定，就馬上行動，可能很快，也可能拖一段時間。

　　我再問他保險如何規劃，他回答說出國後再說。

　　「這不太妥當吧？黃先生。第一個不妥的是出國前您就需要把保險做好，有些是您要去的國家的要求，如歐洲的一些國家。二是如果沒有妥善的保險，出國後萬一水土不服或出什麼狀況時，去了再買是來不及的。像美國那種高醫療費用的國家，如不趕快買個醫療險，萬一發生意外，醫療費用將昂貴到令你吃不消。

　　「而且您尚未確定什麼時候移民，更何況移民與保險並不相互牴觸，您到國外去，照樣需要保險，現在的您應該仔細衡量現在的需要來投保，若是您移民出去，保費還可以留個帳戶逐年轉帳啊！完全不會影響到保障的效力。這也可以當作您買國外保險前的緩衝。」

　　黃先生聽了我的話，想了一會兒，但仍不放心地追問：「買國內的保險，到國外仍有效嗎？」

　　「當然有效！保險契約上並不限制您到哪個國家去，您儘管放心。」

<table>
<tr><td>Reason</td></tr>
<tr><td>134</td></tr>
</table>

保險不是什麼時候都可以買的

天有不測風雲。孔子說過他不收隔夜帖子，因為不知明天與意外誰先來到。

佛說三不能，不能滅定業，不能度無緣，不能盡眾生界。

換個保險的概念來看。註定不能買保險的人你幫不了他。不認同保險的人你無法叫他買。你就是再努力，也無法叫所有人都買保險。

買保險不是你想買就有得買，有一些不能買的因素。

體質不對不能買、有異常不能買、超過年紀不能買、財務不良不能買、危險職級不能買。

有些人覺得目前自己還很年輕，身體很好又會懂得照顧，出門也很小心，也沒有很多閒錢，暫時應該不會有風險，等有錢有閒年齡大些了再買保險也不遲。

天有不測風雲。孔子說過他不收隔夜帖子，因為不知明天與意外誰先來到。

就有很奇怪的例子。像是——車子的保險一過期就被偷、被撞。周遭的人都買了保險，就是硬不肯買保險的人生病了。而且生的病還有些麻煩，不是裝支架就是什麼炎或什麼癌的。原本是他不肯買，這下子變成保險公司不讓他買了。後悔也來不及了，不買保險的人沒有權利後悔。

又有人說，好吧，我買！

但保險公司一堆限制，不是不給買那麼多，就是延遲投保、或者剔除一些項目。這又為什麼？保險從本質上來說，保障的是被保險人未來所能創造價值的能力。一個四十歲的人，年收入五萬元，他可以買到一千萬元的保額嗎？答案是否定的，保險公司會認為這個投保存在道德風險而拒絕。或者一告知，他以前因什麼病住過院，保險公司也不肯接受，或有條件地接受，如加費或延遲承保。

還有人說，我現在買一份100萬元的保險，繳滿20年，算下來也繳了

七八十萬了，可是每年的物價都在漲，100萬元到那個時候還能做什麼用呢？

　　用風險的定義來看：不確定什麼時候發生的才叫風險。如果能確定能夠繳滿二十年的錢，那麼基本上就不用買保險。問題是你能保證在未來的二十年中都會是平安和健康的嗎？意外發生在瞬間，疾病也不過是一夜之間的事。

　　能碰到專業有保險真切價值觀的業務員是你的福氣。

　　能買到適合的保險是你的福份。

　　因為保險而得到保障或老年回報、醫療理賠等，是你的福報。

　　不要小看保險的威力。

　　前世的五百次回眸才換來今生的擦肩而過，不是你想買保險就可以買的。

沒聽過你們這家公司，可靠嗎？

選擇產品的重要性不輸選擇保險公司，政府基本上已經做了最嚴格的篩選。

客戶說：「沒聽過你們這家公司的名字，你們到底是什麼樣的公司？」

這很正常。到2013年為止，中國內地的人壽保險公司已有近百家，加上產險公司也為數甚多，不要說客戶搞不清楚，就是業界的人你讓他細說也不容易。

就像說中國的銀行到底有幾家，手機品牌有多少，客戶哪能分清楚。所以要讓客戶有印象和投保，業務員就必須有方法了。

把自家保險公司的來歷沿革弄清楚，客戶一問，你先能說清楚，再從電腦或平板電腦將公司與其他公司的排行、產能、優勢與對社會的貢獻分析出來。客戶不會看你的公司是不是第一名，客戶要看的是他參加的這家公司對不對。

你要將你的人生理念講出來。你為何認同保險？你為何選擇這家公司？你要在這家公司做到什麼程度？你會如何服務客戶？你如何擴大市場的影響力？

告訴客戶，選擇產品的重要性不輸選擇保險公司，因為既然政府核准這家保險公司開業，基本上已經替被保險人做了最嚴格的篩選，但產品就不一定了，儘管保險費率要遵守法令的規範，但是每個公司的經營及管理方式不同，所以保障方式、回收方式也不盡相同。

當你能有自信地宣揚你自己的偉大志業後，或許你的公司很小，但在客戶看來，已顯得龐大、偉大。

保險公司講得很好聽，理賠時卻是推三阻四

雖然『人情保』也是保，有保總比沒保好。但也應該知道到底買的是什麼險。

　　讓業務員最為洩氣和難堪的，無非是準客戶當著一堆人的面前，大聲嚷嚷地說：「你們保險公司都是胡說八道，我聽很多人說過，在投保前講的很好聽，投保後出了事，卻是這個不能賠，那個也不能賠。」

　　這是還沒有保險的人的講法，可能是推拖不想向你買保險之意。但要命的是旁邊還有人附和。

　　「對啊！上次我急性腸炎住院，花了三萬多，出院後向保險公司申請，一毛錢也沒賠，保險公司不是在騙人嗎？」這是一位看來思想單純的女士，這不先處理不行的。

　　「小姐您貴姓？喔！陳小姐，您說保險都是騙人的，請問您買的是什麼保險？」

　　「不太清楚哩！」

　　「那麼是保哪家公司的？」

　　「好像是什麼××的保險公司。」

　　「一年繳多少保費？」

　　「好像三萬多。」

　　「保險金額是三十萬的吧？」

　　「不太清楚。」

　　「有沒有附加醫療險？」

　　「忘了！」

　　「有沒有附加意外險？」

　　「誰知道！」

　　「是透過誰買的？沒有找他處理嗎？」

　　「這是我的一個高中同學說要到保險公司上班，好朋友嘛，就給她捧個

場，誰知道保險買了，她卻不做，害我都不知道買了什麼東西。」

「陳小姐，您也太不注重自己的權益了了，雖然『人情保』也是保，有保總比沒保好。但您也應該稍微知道自己到底買的是什麼險、能不能賠。搞不好，當時她要您買醫療險，您不要，您只買儲蓄險。這怎麼能說保險公司騙人呢？好比說，您買房，這個房是空殼交屋，您又怎能怪建設公司沒有附設裝潢呢？保險有很多種類及附加項目，每個種類和每項附加項目收費皆不同，您需要什麼樣的保險，要附加何種項目，都是可以選擇搭配的。所以由此看來，您所買的保險可能沒有附加住院醫療，才得不到理賠給付，您說對不對？」

這下子，換陳小姐答不上來了。

我和別家公司產品比較後再決定

各公司的產品無法做完全平等的比較，因為這牽涉到各公司不同的立足點。

莊先生聽了業務員小林為他所做的保險介紹及專業分析後，很激賞他的敬業態度，也對他的專業熱誠稱讚不已。

可是他說：「你的介紹，我可以相信，但保險是長期投資，我必須鄭重研究，你把資料留下來，我會和別家的產品比較一下，有了決定後我再通知你。」

小林會怎麼處理呢？

他是如此處理的。

❶ 認同——您要拿我們的保險和別家比較，這是應該的，由這點可以看出您是一位行事謹慎、不輕易受人影響的人，相信您買了保險以後，不管是哪一家，您一定不至於後悔。

❷ 主動——在您做比較之前，我有一份各公司產品分析表給您參考，相信藉由保險專業人員所做的分析，可以給您一個較完整的概念。

❸ 客觀——但是在您參考時我必須先告訴您，事實上各公司的產品是無法做一個立足點完全平等的比較，因為這牽涉到各公司不同的增值、紅利退回、理賠及各項給付標準。

❹ 建議——所以我建議您可以做客觀比較，但最重要的是先確定您投保的目的，再根據您的需要，由我來為您設計。

❺ 促成——買保險是為了自己及家人的需要，我會提供客觀的資訊讓您選擇，請您冷靜地以理智來判斷。

❻ 真誠——不亢不卑，不攻擊同業，不誇大、不急躁、多讚美、多認同，用客觀的方式來協助客戶做選擇，客戶會被你感動的。

別家公司的條件比你們好太多了

有的公司看起來數字比較高，這是因為預估時用較高數據的緣故。

　　手機一響，是老吳，他氣急敗壞地說：「老陳啊！我們是老朋友了，你跟我說你們公司的產品有多麼好，對我多麼有利，可是今天××公司的業務員來我這裡，他對我說，他們的保險紅利高、增值快，條件比你們的好，保費還比你們便宜，這到底是怎麼一回事？你不是在騙我吧？」

　　保險從業人員一多，什麼狀況都會發生，有些主管教業務員一些沒有品德的戲法，比較、攻擊、挑小毛病，甚至已投保了，可撤件的立刻撤，不能撤件的，繳清、解約、縮小保額等伎倆。

　　不出二十分鐘，我已出現在老吳的公司裡。

　　「老吳啊！有一句諺語說『龜腳龜內肉，麻糬手內出』，這意思您也知道，烏龜的腳是本來就有的，不是多出來的，平常緊縮在裡面不願見人而已。而麻糬要買十元五個也罷，十元兩個也罷，都是靠賣的人用手去捏就出來，所以花樣由變化而來，再好看的數字寫也寫得出來。

　　現有保險公司的費率都是根據生命表計算出一個數據，再依每公司的利率、費用率、死亡率，算出各險種、每個年齡的保費，計算好之後再送到主管單位報備，所以基本上不可能有太大的差別，至於紅利回饋，通常是依據保險公司經營績效或銀行利率的平均數字計算出來的。

　　有的公司數字看起來會比較高，那是因為他預估時用較高數據的緣故。相信您也瞭解這並不實際。至於我為您承辦的保險，完全是因您的狀況所設計，內容不但符合您的需要，也考慮到長遠的目的，也沒有高估紅利，回收時才不讓您失望，這是一張真正的好保單，怎會讓您吃虧呢！」

業務員很快就離職，怎麼辦？

沒問題，這二十年當中有任何問題都可以找我。」這種承諾本身就是個謊言。

保險業務員的流動是相當大的一個問題。

但無法讓業務員不離職。

如何讓客戶在買了保險以後能安心。

客戶的保單不至於成為沒人管的「孤兒保單」。

這是一個有責任心的業務單位應該做的事，有責任感的保險公司和行銷單位是不能放任不管的。

如何讓保戶買了保險後能放心。

絕對不能教資淺的業務員開口「我可以為您服務一輩子」，閉口就是「沒問題，這二十年當中有任何問題都可以找我。」這種承諾本身就是謊言。

保險是保障客戶萬一發生事故，保險公司彌補他損失的措施，雖然不一定每個人都會發生事故，但一定會有人發生事故，這就是或然率。買保險的人會發生事故，賣保險的也會發生事故，因此希望一個業務員能服務二十年，事實上是有困難的。

所以顧客在投保的時候最好能夠瞭解，到底自己買的是什麼東西？有哪些權利與義務？不要因為賣保險的人是親戚或朋友，就可以不求甚解。

最重要的，我們必須讓客戶瞭解，如果有一天招攬保險的業務員離開那家保險公司，遇有事情應如何與保險公司打交道，尋求哪些管道，要用哪些方法，或有誰可以承接服務。

我們要清楚告訴客戶有關他的權益，一個優秀盡責的業務員不但在承保時會盡力做交待，甚至在承保後也會給予客戶詳細的文字說明，因為買保險是和保險公司簽長期契約，而不是只與業務員來往而已，這點一定要讓客戶知道。

投保後，如果無法繼續繳費，怎麼辦？

解約是最下策的方法，也是真的沒辦法時才使用的方法。

很多人會問：「保險是提供保障和對付逆境的利器，這我很清楚，但如果幾年後，萬一碰到資金緊絀，保費繳不出來時，有什麼辦法可以補救呢？」

保險公司希望的是保戶都能繼續繳，但萬一真的一時有困難，則有以下七個方法可解困——

❶ 利用寬限期延遲繳保費：對於年繳或半年繳保費這種繳費方式，保險公司均會提供保戶在應繳保費日之後的兩個月內繳交保費的寬限期，保戶只要在這兩個月內繳齊保費就不會影響到保單的效力。

❷ 變更繳費方式：可將年繳改為半年繳或季繳、月繳，以減輕保費壓力。

❸ 保費自動墊繳：繳費日到期後，要保人沒做任何通知，如果保險已有解約金，保險公司會自動墊繳至該解約金用完為止。

❹ 改為繳清保險：減額繳清保險，是一種降低保險金額的方式，例如將原本500萬元的保障更改為200萬元。保險公司會利用目前保單所累積的保單價值準備金來計算相同保險期間內可得到多少保障，減額繳清保險可將原保單的險種及期限維持不動，不同處是保額減少了，之後也不必再繳交保費。

❺ 改為展期保險：保額不變，但期限縮短的一個方法，亦即用現金價值繳付該期限的保費。

❻ 貸款：保險已有解約金時，可將此金額借出來使用或繳納保費，通常可貸到九成左右。

❼ 保單停效：此為最不得已的方式。保戶要是超過寬限期仍未繳交保費，保單在寬限期結束的隔日即會停效。雖然停效後，要保人可在停效日起二年內申請恢復效力，但要留意的是，停效期間內萬一發生保險事故，保險公司不負賠償責任。

保險公司倒了，怎麼辦？

經管會保險局一直都有在監控保險公司的經營狀況，稍有差錯便即時提出糾正，所以保險公司的風險較一般金融機構為低。

有些保戶繳了老半天的保費，指望老年退休安養用，可又很怕保險公司倒閉，心裡很不安。我根據現況做一些分析——

台灣自有保險以來，尚沒有因保險公司倒閉，影響到被保人權益的實例。光復後日據時代的保險受命移轉到新設立的省營保險公司；五〇年代國光人壽因經營不善，遭勒令停業後，所有客戶權益由其他保險公司承接。

保險公司的設立、經營、管理、投資，在在經過監理單位嚴格的管理及約束，除了平時的監察，每年還做一次深入的檢核，一旦發現違反管理辦法，即視其情況輕重予以糾正，輕者撤換核保精算人或負責人，重者甚至撤銷執照。同時每張保單中還要提供安定基金給監管單位，這是以防萬一有保險業者發生財務狀況不穩時，可由該基金代為負責的一個保障。

目前經管會保險局根據台灣保險公司的經營狀況還一直提出一些實質控管的做法。

為何要如此鄭重其事呢？

因為保險是金融及公共性事務，其經營成敗對社會的影響既深且廣，且保險契約為附合契約，通常為保險公司單方決定，再且保險為專門技術，被保險人較難以保障本身權益。所以監管單位在一筆保費進入保險公司後，就開始注意其流程是否經過嚴格的核保、安全性的評估、再保的分配等。

至於其對外的投資，也嚴格規定其投資標的的安全性、穩定性、收益性、流通性及投資的比率，稍有差錯便即時提出糾正，所以保險公司的風險較一般金融機構為低。

若是還不放心，最好在投保前考慮這家公司以往的聲譽形象，先給予評估，然後再投保。

買保險到底保不保險？

經營評價指標體系將和服務評價指標體系、分類監管體系，分別從經營、服務和風險角度對保險公司進行評價。

台灣對保險公司管理嚴謹，大陸如何呢？

根據中國保險法89條、92條說明壽險公司的安全性。

「第八十九條：保險公司因分立、合併需要解散，或者股東會、股東大會決議解散，或者公司章程規定的解散事由出現，經國務院保險監督管理機構批准後解散。經營有人壽保險業務的保險公司，除因分立、合併或者被依法撤銷外，不得解散。

第九十二條：經營有人壽保險業務的保險公司被依法撤銷或者被依法宣告破產的，其持有的人壽保險合同及責任準備金，必須轉讓給其他經營有人壽保險業務的保險公司；不能同其他保險公司達成轉讓協議的，由國務院保險監督管理機構指定經營有人壽保險業務的保險公司接受轉讓。」

轉讓或者由國務院保險監督管理機構指定接受轉讓前款規定的人壽保險合同及責任準備金的，應當維護被保險人、受益人的合法權益。這樣的安全退出機制，得益於保險保障基金。

隨著市場規模和主體的不斷增加，保監會擬構建一套全新的經營評價指標體系，保監會現行的分類監管制度的目的，是根據保險公司不同風險程度實行差別化的風險監管，透過一系列風險評價指標，對保險公司風險狀況進行評價。而經營評價指標體系的目的是引導保險公司提高經營管理水準，轉變發展方式。

另外令人肯定的是最高法院《保險法》司法解釋（二）推出，共計二十一條，2013年6月8日開始正式實施。投保人如實告知義務的範圍、保險公司說明義務的履行標準做了明確規範，旨在解決銷售誤導、理賠難的問題，為保險業健康發展營造更加公平、公正的司法環境。

條款對你們有利，打起官司我們贏不了

在理賠速度和理賠金額上，已可以說，客戶的滿意度已大幅上揚了。

很多人擔心買了保險之後，萬一發生糾紛，面對龐大的保險公司，怕有苦難言，有冤無處伸。

對於這個問題，我不強做言詞反駁，而以客觀的態度分析——

的確條款已經訂好，而保險公司也有專門人員處理糾紛事宜，但若真的上了法庭，保險公司不見得能佔便宜。

因為法律會保護善意的第三者，買保險的人不可能就條款逐條研議後才買保險，而保險公司也無法隨買保險人的意思擬定條款，所以當雙方有爭執時，法院通常比較保護買保險的人。

要避免爭執，有一個方法最為有利，就是趕快把保險辦好；乍聽之下，好像很不可思議，但這是有事實根據的。

請看看保單條款裡的除外責任，所謂除外責任，即是在一些情況下，保險公司不負擔給付保險金的責任。

由這些不理賠項目上看出，過了兩年後，買保險的人必須承擔的責任已減到最低程度，保險公司不能再對一般性的道德因素質疑，連自殺都可以理賠，那就更不必擔心保險公司囉嗦了。

或許一些理賠金額的認定或拒賠的發生，那已經是另一個層面的問題。我只能說，保險公司因為處於高度競爭和科技透明的時代，可以說道，客戶的滿意度已大幅上揚了。

保單健檢宜半年一次

保單健檢是將全家人的所有保單做一個檢視並歸納，否則理賠可申請
多少自己也不甚瞭解，保費到底已繳了多久也不清楚。

保單健檢是將全家人的所有保單做一個檢視並歸納，否則理賠可申請多少，自己也不甚瞭解，保費到底已繳了多久也不清楚。

一般人頂多利用年終時，一年做一次保單健檢，但若依實際狀況而言，最好每半年就要整理一次，因為現代社會的轉變步調快速，如轉職、晉升、加薪或結婚、生子、購屋、換房、遷徙等情況，必須檢視是否仍符合當下及未來三至五年的保障需求。

以三代同堂家庭來說，家庭中的角色可分為子女、父母及祖父母，每個人的角色、保障需求大不同，更應該每季定期檢視，可即時彈性調整，讓全家都能擁有完整的保險保障。

一般傳統家庭中，父親往往扮演家中重要經濟支柱，一定要加強家庭責任期間的壽險保障，以免不幸身故時，家中突然頓失經濟來源。

投保的考量要點有三，首先是準備家庭緊急預備金，其二是開始準備未來的退休金，第三是加強醫療保障。建議準備金額至少該有三至五年的生活費，如果還有房貸，就要加上房貸餘額。

一般上班族想在短期間備妥數百萬元的家庭緊急預備金並不容易，但利用保險便可發揮功能。手頭預算較緊的人可以先買費用較低的定期險、意外險，手頭較寬鬆的人，建議買終身壽險或養老險，此外，在年輕時也要趕緊將終身的防癌險、重大疾病險給準備妥當。

保單健檢是相當專業且科學性的技術，不是一般客戶所能做到的，但現在在保險界已有專門的軟體和專門對業務員進行保單健檢培訓。這對保戶是相當有利的措施。

爸爸死了，財產都是我的，何必買保險？

保個可以避開財務風險的額度，因為你的身價和未來的財產相連結的。

對於八〇後的新新人類，他們的想法很另類，包括不願繼承家族企業的比率高達六成以上。勸他們買保險，他們直接了當的說：「我爸爸死了，財產都是我的，何必買保險？」

說的也沒錯，但是不食人間煙火的他們，對他們講大道理，他們不見得領情，最好跟著他們的想法走。你可以這樣回應——

要得到所有財產，你必須有一些準備，好比變更名義所需要的手續費和時間。股票繼承時的價位落差，甚至你要穩住原有的經營團隊，所需要的代價和付出，你如果沒有用心去思考，很可能得到的只是一個空殼子，或者公司經營權被有心人拿走，那就麻煩大了。電視劇裡很多如此的劇情。台灣也發生過真人實事的事件。後來被稱為「王子復仇記」或「公主復仇記」的事件。可是如果繼承者沒本事或無心，公司的經營權還是拿不回來的。再加上遺產稅，若沒有準備，東扣西扣下，留下的將是大失所望。

「那我該怎麼辦呢？」富二代關心地問。

這麼回答吧……

「趕快和爸爸研究吧！趁他身體還可以，保個可以避開財務風險的額度。你自己也要保足額的金額，因為你的身價和未來的財產相連結的，這個預防不能沒有。

現在為上一代的投保是為稅金作準備，為自己投保是為累積資金做準備，因為你自己的高額保單，裡面的現金價值和滿期金或還本金是你可以擁有和使用的，你要善加運用。」

只要告訴他如何防備和節稅，而不是告訴他如何奮鬥和克勤克儉，他們是可以認同和接受的。

公司已替我保了險，我自己不用再買

趁現在公司有團保，你只須參加退休險即可。並不會影響到收入。

有些公司福利不錯，為員工投保了團體保險，甚至投保退休保險。

一些搞不清楚的員工就以為既然公司已有了，何必自己再另外買呢？

「醫療、意外險、定期險，福利不差吧！」

我在一家公司的職工福利委員會上課時，對他們說：「我建議各位還是自己再投保比較好。」

為什麼呢？他們一臉疑惑地問。我解釋道——

公司雖然給你買了保險，但這和公司為員工提供宿舍、制服是相同的，除非您一輩子待在這家公司，否則萬一哪天您想自己創業或有其他因素離開這家公司，這些福利就沒了。

團保通常保的是醫療險、意外險、定期險。基本上保額不會很高，一般都在二十四個月到四十八個月的薪資之間。

福利保險停止後，要重新辦理可就麻煩了。因為必須衡量您的年齡、身體狀況，您勢必要負擔很多不必要的花費。

公司若有投保退休險，金額也不會太高。還是達不到保障或退休的需求。

趁現在公司有團保，你只須參加退休險即可。每個月多提存五千到一萬元，並不會影響到收入，但這份投資卻可馬上讓您增加兩百萬到一千萬的身價，而且都是您一人所擁有的，不用擔心以後因為職業或事業的變化而影響權益，非但如此，幾年過後馬上擁有一筆現金可供使用，若不想使用，可以積少成多，累積退休時的退休金，何樂而不為呢？除了公司給的保障外，自己再買一份，這不是所謂的雙重保障嗎？

第一張保險怎麼買？

第一張保單，確實是保障為主，但要以壽險或者重大疾病保險為主。
前期的保障需求比較高。中年過後就要搭配儲蓄型保險！

有多人說，人生的第一張保單應該是投保意外傷害保險，這不能算是好的觀念，只是說先讓他擁有保險觀念的啟蒙單罷了。

第一張保單，確實是保障為主，但要以壽險或者重大疾病保險為主，再附加意外傷害保險。因為意外傷害的死亡率是比較低的。壽險的保障範圍是全面的。對於民眾來說，記住這樣的一個概念：重大疾病保險+定期壽險+意外傷害保險+住院醫療保險+意外醫療保險，這樣的組合較能面面俱到。

意外門診可以實報實銷，住院醫療費用也可以報銷，重大疾病能得到提前給付，意外死亡和殘疾可以得到實質給付，疾病死亡也可以得到全額賠付。

當然，這屬於保障類的組合，養老的風險還是要由養老保險來解決。從人生的漫長歲月來看，買保險要學會對沖風險。

人生的前期保障需求比較高。中年就要搭配儲蓄型保險，最好是現金價值高的這類產品，長期的價值比較好。如果不出險，活得很長壽，在資金儲備會產生很好的效果。

我認識一位女生，她衣食無缺，但大學就打工獲取社會經驗，大一時有感單親在保險公司兼職的老師財務辛苦，向她投保了一個月五千元的長年期保單，一般同學打工收入都差不多，但大多數都用掉了，只有她是用來買保險，一晃眼，她居然擁有了將近百萬的現金價值，無心插柳柳會成蔭，何況有心插花，花一定會發。

我買消費性的定期保險或意外險就好了

同樣是保險，一張擁有完整性功能的保單，非功能較狹窄的保單所能比擬的。

　　一位剛剛創業的年輕企業家問我，他知道保險很重要，但聽說定期險和意外險費用很低，是不是買這種保險就夠了。我為他分析如下——

　　買定期險或意外險是內行人的選擇，但這裡面有一些問題必須注意，定期險在約定的時間到了之後，沒有出事的話，保險自然失效，交出去的錢也拿不回來。

　　一般來說，定期險是有特殊用途的，如針對銀行貸款、雇主給員工的福利保障、過渡時期的需要等。

　　意外險的保費更低，但所承保的比例約只佔所有事故的七分之一，大部份的事故並不在保障範圍之內。

　　所以買定期保險應該在經濟不是很充裕時，或是有特別需要時，如貸款、創業期的保障等。至於意外險的用途，更應該定位在對員工的安全保障、短期性質的風險承擔等，個人投保可以附加在壽險裡面辦理，但最好不要單獨投保。單獨投保雖然可以享受低保費低支出的好處，但萬一漏了續繳或什麼原因不再投保，此項保障就中斷了！

　　因此在經濟許可或是經濟不充裕期過了之後，應該趕快購買一張完整性的保單。

　　所謂完整性的保單，即是除了保障本身生命安全外，還能兼顧到醫療、年金、工作能力、重疾、家屬安全、疾病和老年時的退休。

　　同樣是一部車，好車的安全性、舒適性與價值感不是廉價車所能比的，所以同樣是保險，一張擁有完整性功能的保單，也非功能較狹窄的保單所能比擬的。

別忘了為車子投保颱風洪水險

一般人不為愛車投保颱風洪水險的原因，主要是認為一年颱風就來那麼幾次。

福建、浙江、廣東及台灣沿海地區，七月到十月是颱風季節，每年約發佈三到五個陸上或海上颱風警報，造成的災害也相當可觀，光2009年莫拉克風災就造成全台灣近一千億元損失。

雖然颱風年年來，山崩落石淹水也年年有，每一次災害的照片顯示，眾多的汽車受到山石墜落砸車或滅頂的悲劇，有的在巨石邊呻吟，有的在洪水中載沉載浮。

一部車經過水淹，光修繕就要花不少錢，修繕後能賣掉的價格也不高。但奇怪的是，大家好像都不怕。

以台灣的統計，汽車投保天災險的比率只有0.25%，住宅火險附加颱風洪水險的比率則僅僅0.026%。

一般人不為愛車投保颱風洪水險的原因，主要是認為一年颱風就來那麼幾次，當發布警報時再避難也不遲。可是颱風來了又想，颱風也不見得有多大，或者是風大而已，水不會多，就是水來了趕快移車開走也不遲。

就這樣的拖延敷衍，當迅雷來不及掩耳時，災害形成了。

認為如果沒有出險，保費就「浪費」了，還認為自己不會那麼倒楣，卻忽略了這附加的保費其實相當的低，就是一輩子不出險都花不了多少錢。

那時就該後悔莫及了。

為打高爾夫球買保險

可分為第三人體傷及財損責任、人財物損失、一竿進洞費用補償等三大部分。

　　高爾夫運動已是頂級人士和新富家族的休閒及社交活動。在一場球敘的四五個鐘頭裡，很多在會議桌無法談定的事項，會因一個好球，一個讚美而轉變。而在親密的近距離接觸中，人跟人的友誼、默契，得以加溫。

　　對熱愛高爾夫球運動的人來說，夢寐以求而且難度很高、機率很低的「一竿進洞」，可以說是一生難忘。雖機率低，但就是有人會中獎，不一定技術好，菜鳥一個不小心，小白球直直入洞。

　　在眾人歡呼聲中，得到最大的榮耀和欣喜。不過，隨之而來的發紅包、請吃飯、送紀念品等不成文規定，會是一筆不小的花費。

　　喜事要花錢，悲劇也要花錢。

　　馬有失蹄，人有失足，高手也有失手之時，曾有人被小白球打個正著，住院好幾個月的憾事。造成他人傷害，免不了要支付賠償費用和合解金。

　　如果有保險可以幫忙，球友應該不介意投保，「高爾夫球員責任保險」就如此應運而生。

　　高爾夫球險的承保範圍可分為第三人體傷及財損責任、被保險人財物損失、一竿進洞費用補償等三大部分。

　　保費其實不高，但有一份保障是安心多了，如果你也打球，不妨買張高爾夫球保險吧！

出國旅遊須注意四要一不

保障要完整，保額要充足，要有海外急難救助，國內旅遊也要保。

到國外旅遊，難免遇到健康、法律等問題，你知道你保的旅行平安險是否有提供「海外急難救助」？內容是什麼？

每家保險公司提供的海外急難救助服務內容差異最大的就是醫療協助，包括緊急醫療轉送、緊急轉送回國、代墊住院醫療保險金……等，但並非所有項目每家保險公司都有提供。

以海外醫療轉送為例，臺北、上海醫療專機約花費新台幣130～170萬元，定期航班則需30～40萬元，萬一發生必須轉送的狀況時，如果沒有保險援助，負擔實在太沉重。除非像電影明星林志玲財力無問題，在大連墜馬骨折緊急用專機送回台灣。

在有些地區例如在大陸，病患通常需要先支付一筆保證金，且無法刷卡，如果保單有代墊醫療費用服務，那麼第一時間就可以安心就醫，不用忙著籌措現金。

旅遊綜合險與一般的旅遊平安險不同之處，在於旅綜險多了「第三人責任險、旅遊不便險及海外急難救助」。一般除了常見的食物中毒、班機延誤、行李延誤及行李損失補償之外，針對旅遊期間遭竊，也提供相關補償。

或許平常保險已買很多，你會認為出國才那麼幾天有必要買旅行平安保險嗎？我的建議是，最好多買些，凡事保一個安心，財去人平安，一點點的錢，小事如吃壞肚子可理賠，大事意外多保額，或急著要包機或家屬要探訪時臨時發生的一大筆錢。

此外，還建議要有「四要」「一不」的概念。

「四要」──

是「保障要完整，保額要充足，要有海外急難救助，國內旅遊也要保」。

「一不」則是不能單靠刷卡贈送的旅平險，自己再投保旅平險才能享有充足保障。

　　出門旅遊不能單靠刷卡贈送的旅平險，信用卡提供的旅平險理賠範圍有限，通常僅提供搭機前後特定時間內，因特定交通工具發生的事故，而導致意外死亡或傷殘的保障，並非全程有旅遊保障，最好是自己投保旅平險。

　　投保旅平險首要考量是保障範圍要完整，民眾應檢視是否涵蓋意外導致的身故、重大燒燙傷、實支實付傷害醫療、海外突發疾病住院、門診及急診等保障範圍。

　　出國遊玩，心情放鬆，加一點小錢買萬一發生重大事故的「旅平險」，小錢保平安，有事不緊張！

酒駕出意外，保險可不賠

不要以為有保險，酒可以拚命喝，可以開快車，那會後悔莫及的。

我曾接受一位立法委員之託，協助被超越中線的車子撞死的保險案例。

被撞為何保險公司不理賠，因為驗屍時被害人身上也被測出酒精成分，保險公司以他因酒駕反應不夠靈敏而拒賠，後來經協調後總算賠了部分。

喝酒開車，害人誤己，輕者罰款，重者牢獄之災。

在台灣一小瓶啤酒就超過規定的酒精濃度，壽險業者特別提醒，民眾可別誤以為就算酒後肇事發生意外，仍可申請理賠而心存僥倖，事實上若因為酒醉開車發生意外，保險公司是可以拒絕理賠。

針對未領駕照、初領駕照未滿兩年及職業駕駛人三種駕駛人，酒測規定變得更嚴格，若以50公斤成年人為例，只要喝1瓶酒精濃度5%、300c.c.的啤酒，就可能會超過標準值。

傷害保險保費低、高保障，成為民眾風險轉移的重要工具，但民眾購買傷害保險保單時，應注意保單條款中除外責任及不保事項的約定。

以前對於有投保傷害保險的這三類駕駛人，若酒駕車禍導致自身傷亡，各家保險公司仍會視情況理賠。但現在實施新規定後，只要一杯黃湯下肚後又開車發生意外，依據新修定的「道路交通安全規則」及傷害險保單條款條文精神，保險公司可以拒絕理賠。

所以不要以為有保險，酒可以拚命喝，可以開快車，那是會讓自己後悔莫及的。

新生兒的新手爸媽該如何幫小朋友規劃保單呢？

投保順序首重醫療險，壽險與意外險次之，若還有預算再加買儲蓄險。

家有新生兒誕生，全家莫不欣喜，但跟著而來的是小孩的養育醫護，小孩一有發燒哭鬧，父母無不心急如焚。

當然也會想到要給小孩趕快買份保險，但年輕的新手父母大部分都不是資金充裕的。若預算有限，該如何買保險呢？

投保順序首重醫療險，壽險與意外險次之，若還有預算再加買儲蓄險。

現在的食物很不安全，父母很擔心小朋友吃到奇奇怪怪的食物，健保自付項目又變多，醫療險應最先規劃。小孩到了國中階段，好動難免意外，意外險不可少。

儲蓄險則越早買越好，可幫孩子趁早存教育金。這一代買房已大不易，為新生兒設想他二十年後買房更難。若能擠出一份錢用小孩名義買儲蓄險，豈不是儲蓄加還本。

或者用大人名義購買，受益人是小孩，還本終生。一張保單保三代，是聰明的投資。

兒童保單規劃的重點在於「減輕防範家庭不確定的負擔」；「確保實踐家庭幸福美滿的承諾」，「為下一代的競爭力作準備」。

猶太人是全世界公認最會投資理財的民族，他們因為以往被欺負，所以他們民族的傳承告誡是必須擁有財富。他們有一個本事，藉保險的力量讓他們的財力更雄厚。

在美國的猶太宗族中，只要出生男嬰，他們便用公積金為這小孩買百萬的保險，約定繳二十年終身保障。

假設百萬保險一年要繳五萬元，若這小孩有事故，保險公司賠的錢一定超出所繳費用，他們已立於不敗之地。

滿二十年了，錢沒領回，若依約定的百分之八利率滾存，每九年會增值

一倍，若這小孩可以活到一百零一歲，則共有九次的增值，從一百萬、兩百萬、四百萬、八百萬、一千六百萬、三千兩百萬、六千四百萬、一億兩千八百萬到兩億五千六百萬。

怎麼算，都是他們贏；這期間的老、病、殘、養、死，全部都沒風險了，而成本只是大家分期集資的一點錢罷了！

所以不要以為買保險是讓保險公司賺錢，懂得利用保險的特性，只要你妥善有序地安排，其實你是賺最多的！

定期壽險建構家庭保護網

置產後應檢視資產配置並適時調整，更重要的是可善用保險，轉嫁房貸風險。

　　我一直對進入社會不久，即買了房子的年輕人或小倆口建議，從無殼蝸牛晉級有房族群後，伴隨而來的則可能是因貸款而來的甜蜜又沉重的負擔。

　　為了讓家人生活有保障，置產後更應檢視資產配置並適時調整，更重要的是可善用保險，轉嫁房貸風險。免得萬一不幸意外發生時，殘忍的現實逼得人進退不得或人財兩失。

　　面對高房價，貸款是大多數人成就買房的夢想的選擇，而房貸借款人一般來說也是家庭的經濟支柱，在買房後除了沉重的房貸壓力外，還要擔憂漫長的還款期間，若不幸身故，不僅痛失經濟支柱，還會發生債留家人，或無能力還款導致房子遭法拍的窘境。

　　可以考慮以定期壽險作為家人的避風港，把風險堅固地阻擋在門外。針對不同的貸款年度，投保不同年度的定期保險，保障期間享有穩定的壽險保障；若不幸發生事故，保險金可用作償還房貸還款，若有差額還可提供家人生活費之依靠。

　　剛成家的新人手邊預算有限，但保險不可省，還不如挪一些消費和娛樂的錢去節省，換成長時間的投入後，未來的歲月會感恩自己當年的睿智和抉擇！

寵物也有保險可買

貓、狗等寵物通人性，主人往往把牠們當家人。料理牠們的衣食住行，有時比人還優渥。

台灣人養寵物，無非是為了解憂，有個生活伴侶。

大陸人養寵物，是地位，是榮耀。

貓狗是人們最好的朋友，而且因為通人性，主人往往把牠們當家人。對待牠們的衣食住行，有時比人還優渥，洗澡、按摩、化妝，高級裝飾都來了。

寵物險已由產險公司開辦，狗、貓都可以投保，承保年齡最小八週起，最高上限狗可到九歲、貓十一歲，有的保單僅承保犬貓重大疾病，有的則大、小病都理賠，各家公司推出的方案、保單內容不盡相同，但都不保證續保。

寵物發生意外或生病時，主人們大都希望給牠們最好的醫療照顧，為犬貓投投保寵物險，也是時尚風潮。

投保之前，必須要先做身分認證，也就是植入晶片，費用由飼主負擔，目前各縣市政府都有跟動物醫院合作，提供寵物植入晶片的優惠。除此之外，也有產險公司要求飼主必須為寵物做DNA檢驗，確認身分。

保險公司為了降低投保風險，寵物保單都有自負額機制，或必須連同居家綜合險一起購買。

有些產險公司規定必須先瞭解有哪些特約醫院、就醫是否方便。有些實支實付的寵物保險單，只接受具有合格執照的動物醫院所開立的收據。

雖然寵物險已開賣數年，台灣的寵物又特別多，但風氣未開，投保的比率還為數甚少！

我要買國外的保險

人民幣未來必是世界強勢貨幣，增值在所難免，捨本逐末是不智之舉。

有人問香港的保險公司業務員跑進中國大陸賣港幣保單，到底合不合法，是不是香港的保單內容比較強。可不可以買？

在台灣以往也有相同的困擾和後遺症，曾經一段時間保單貼現風靡全台，但後來才知道從頭開始就是詐騙行為，但是損失已發生了。造成了客戶的損失和業務員的信用和事業生命力崩潰。

有保險業的行銷高層憂心忡忡地告訴我，香港的業務員大力入侵，行銷額比整個內地產值還高。乍聽之下，覺得哪有可能，但言之鑿鑿，又好像有那麼一回事。

後來找到一個數據。香港保險業監理處的一個統計顯示，2011年香港保險業新增保單保費，總額達588億港元。其中，內地顧客44億港元，佔7.5%。2012年上半年，內地新發保單費用共43億港元，逼近2011年全年水準。

這數字顯示，大部分內地的民眾還是理智的。保險是長期契約，也是長期的需要。保險是特許行業，條款鉅細靡遺，內行人尤難免掛一漏萬，何況非專業人士，更是難以掌握，加上保險是需要服務的，總不能需要時還要大老遠跑到香港去處理。

加上政府管理單位禁止非核准的地區保單在大陸銷售，若有糾紛，將難以得到政府支持。

人民幣未來必是世界強勢貨幣，增值在所難免，若捨強勢貨幣的保單，捨近求遠，捨本逐末，恐非正確之舉。

網路有賣保險，我自己上網投保就好

保險本就是面對面的諮詢與調整的需求，網路上無法做到貼心和精確的接觸。

台灣因為主管單位的嚴謹和法令顧慮，所以網購保險短期內還看不到開放的跡象。而大陸反而是跳躍式的思考和行動，所以一些台灣不可能做到的事，在大陸一步到位，像阿里巴巴的馬雲、中國平安的馬明哲、騰訊的馬化騰，所謂的三馬，已聯手成立眾安線上財產保險公司。

「眾安線上」或將突破中國現有的保險行銷模式，不設分支機構、完全通過互網路進行銷售和理賠。

馬雲在演講時說，由於內地的保險業務員良莠不齊，長期讓民眾詬病，在網路行銷保險後會有兩百萬業務員陣亡。不論是否如此，這真是可怕的警訊。

這代表不夠專業，無法真正為客戶個人打造量身訂做、防護罩式保障的業務員將被淘汰。

不過業務員們也不必太悲觀，保險本就是面對面的諮詢與調整的需求，網路上無法做到貼心和精確的接觸。而且以實際的數字來看，好像也沒有那麼恐慌。

2012年的統計，中國網路購物總金額將超過1.2萬億元，有望達到全國全年零售總金額的6%，中國國家商務部預測，2013年中國有可以成為全球第一大網路零售市場。

再預估中國網路保險保費收入占總保費收入的比例應不超過1%。反觀美國2010年網銷保費收入已超過總保費的25%，這是美國地廣人稀的必需。

中國人口稠密，業務員滲透力強。國人又較喜愛人跟人的近距離接觸，所以相信一段期間內，網購保險還無法在中國達到絕對優勢的市佔率。

在中國經商為什麼要買保險？

人壽保險不屬於債務的追償範圍，帳戶資金不受債務糾紛困擾。

在中國大陸經營企業一定要懂得用保險，規避生意風險！幾個一定要懂得的稅法：

1 人壽保單不納入破產債權──《公司法》

避債：萬一面臨破產的厄運，讓我們有足夠的資金東山再起或安享晚年。

2 受益保險金不用於抵債──《合同法》73 條

《合同法》第七十三條：因債務人怠於行使其到期債權，對債權人造成損害的，債權人可以向人民法院請求以自己的名義代位行使債務人的債權，但該債權專屬於債務人自身的除外。代位權的行使範圍以債權人的債權為限。債權人行使代位權的必要費用，由債務人負擔。

《合同法解釋》第十二條：合同法第七十三條第一款規定的專屬於債務人自身的債權，是指基於扶養關係、撫養關係、贍養關係、繼承關係產生的給付請求權和勞動報酬、退休金、養老金、撫恤金、安置費、人壽保險、人身傷害賠償請求權等權利。

總結：人壽保險不屬於債務的追償範圍，帳戶資金不受債務糾紛困擾。但在負債之後投保將被視為惡意轉移資產

3 保單是不被查封罰沒的財產──《保險法》24 條

《保險法》第二十四條：任何單位或者個人都不得非法干預保險人履行賠償或者給付保險金的義務，也不得限制被保險人或者受益人取得保險金的權利。

4 不存在爭議的財產分配《保險法》—— 61 條

《保險法》第二十四條：任何單位或者個人都不得非法干預保險人履行賠償或者給付保險金的義務，也不得限制被保險人或者受益人取得保險金的權利。

5 不需要納稅且不能隨意質押《稅法》—— 4 條

《中華人民共和國個人所得稅法》第四條 下列各項個人所得，免納個人所得稅：

一、省級人民政府、國務院部委和中國人民解放軍軍以上單位，以及外國組織、國際組織頒發的科學、教育、技術、文化、衛生、體育、環境保護等方面的獎金；

二、國債和國家發行的金融債券利息；

三、按照國家統一規定發給的補貼、津貼；

四、福利費、撫恤金、救濟金；

五、保險賠款

避稅：我們都愛自己的孩子，都想把所有的愛留給自己的孩子，所以需要及時制定合理的避稅方案

6 人壽保險公司不得破產解散《保險法》—— 89 條

7 購買的人壽保險屬於個人財產《婚姻法》—— 18 條

瞭解這幾項保險的優勢和特性，在內地經商時便可以多為自己和企業避險和避免損失。

保險單捐贈又是怎麼一回事？

裸捐或身後捐款若沒有立即行動或法律約定，很可能淪為口號變成偽善。

　　用保險單做公益是潮流、是趨勢，未來會是很多要保人在填要保書時一個很重要的選項。

　　具備愛心的謝媽媽和先生從教職退休後，花費了個人財產將近五千萬成立了照養「遲緩兒」的「真善美基金會」，但每年將近一億的費用讓他頭痛不已。政府的補助不過一半，他們要四處去募款和籌措財源。

　　她問我，可否用保單捐贈來募一些款。我說以他們的口碑，可以號召很多人士用保險的方式捐贈。

　　保險捐贈有兩個方式，一是滿期金捐贈。

　　華人講師聯盟沈老師家族響應母親的善心，幾個兄弟各購買十年期的保險台幣一百萬，滿期後捐給台灣的一個佛教基金會，如今都完成心願，他們都受頒該基金會的「榮譽董事」。

　　另有一個基督教的基金會，轄下有養老院、孤兒院等，資金短絀，後有教友登高一呼，希望大家用六年期的保單作滿期捐贈，第一時間立刻得到一千兩百多萬的響應。

　　另一個方式是在身故後留一部分的保險金給慈善機構，新保單可以在受益人部分作分配，舊有保單也可以變更受益人。

　　每個人在一生當中，不管是一路平順、飛黃騰達。還是顛沛流離、為生活打拚。一定曾經產生悲憫之心，要濟助比他更不順利、悲慘的人。

　　但大部分的人卻是心有餘而力不足，有心而無力。大家會說：「待我有餘錢時，我一定做好事。」或說：「老天爺幫我多賺一點錢，我一定多回饋社會。」什麼是有餘錢，什麼是賺到足夠幫助人的錢呢？若看不開，不立即展開有效的行動，有可能在這一生中「留下遺憾，沒留下遺愛。」

　　新的行善觀念崛起，四兩撥千斤的槓桿省力作為，一定會達成的善行

——用保險捐贈作善行。很值得採用的行善方式，不增加費用，不帶給家人困擾，可以完成心願，不留下遺憾。

美國很多企業家宣誓要將身後一半財產做公益，富商陳光標宣示要裸捐，藝人周潤發也說全部財產要捐給社會，李連杰的壹基金創下很好的效益。台灣的王品企業負責人戴勝益說要捐出百分之八十的財產。

可是裸捐或身後捐款若沒有立即行動或法律約定，很可能淪為口號變成偽善；加上念頭的轉變、財富的目標還沒達成、行為能力的掌握、家人的支持，這些都會影響行善的決心和進度。所以用保單捐贈作約定式的捐贈，這是最好不過的事。

歐美用保險來作為身後捐贈，是相當普及的，想必台灣及大陸未來也會流行起來的。

保單捐贈的功效

台灣簽定保單捐贈有統計的約有的，兩百多件。受贈的對象有二十多個公益機構，含括宗教、醫療機構、慈善機構等。

我和一些企業人士談到用保險做公益，他們都感覺相當有意義。我到馬來西亞，和幾位僑領分享這觀念時，他們認為如果用在維護僑校更有價值。因為大馬政府對華校並沒有很大的支持，華校的運作全靠僑胞出錢出力，他們重視下一代的華文教育，打出「再窮也不能窮小孩的教育」，他們平常會辦活動或將企業盈餘挹注到學校，我在吉隆坡對幾位僑界領導人提出用保險金做捐贈的概念時，他們都認為是很好的行動。

保單捐贈是一個讓客戶動容，讓客戶對保險再度產生好奇心的話題，讓平常對家人擁有責任感的客戶，除了把愛延續給家人之外，還可進一步將大愛遺留人間，不留遺憾。

香港從2005年起推動保險捐贈，由香港保險從業人員協會正式發起，香港的很多保險公司贊助，迄今已有五千多件，金額高達港幣兩億多。實現諾言已完成心願的有一千多萬港幣。

台灣簽定保單捐贈的，有統計的約有兩百多件。受贈的對象有二十多個公益機構，含括宗教、醫療機構、慈善機構等。

保險工作者在推動保障之外，兼使很多公益機構受益，可以說是另一種「保險之美」。讓保險業的社會形象及價值提升，不僅是讓富人階層得到資產配置，更協助底層民眾藉由保險終結貧窮。

美國保險人布魯斯·伊瑟頓曾在2000年時，提出十億美元的捐款願景；擔任客戶的慈善顧問，說服客戶從購買壽險的理賠金額中撥出一定比例金額，規畫慈善事業。2010年已達成目標，現在提出第二個十億計畫。台灣的保險捐贈觀念正抬頭中，未來將可如同歐美造成一個新的保險公益運動。

保險做公益，怎麼一回事？

何不利用信託及保險，既不增加費用，又能保證牠們生生世世受保護。

　　因為我在台灣發動保險捐贈，所以常有企業主問我到底有什麼實際的案例可以跟從。我提出幾個重要的東南亞案例。

　　光明山是星加坡的佛教聖地，名剎眾多，香客如織。中有一寺有一烏龜池。池中烏龜眾多，飼料管理需要重資。這些費用皆由一位企業家發心捐助。

　　朋友問他，這些烏龜都靠你佈施，萬一你哪天走了誰來照顧。他說，就看公司及後代子孫發心囉！做多久算多久，各人各安天命，烏龜也一樣。

　　朋友又說：「你何不利用信託及保險，既不增加費用，又能保證牠們生生世世受保護。」

　　「怎麼做呢？」這位企業家問。

　　「你可將未來預計佈施的錢先買保險，再用信託做保證，若是人走了，這筆保險金可以定期給付，甚至延伸到相當長遠的歲月，不用你擔心。」

　　這是個真實的案例，業務員用幫助放生池的概念，成功成交了一筆百萬新加坡幣的保單（約人民幣四百萬）。

　　馬六甲的一個壽險行銷單位，他們用保險金幫助學校的名義，成功地募集了好幾百件壽險。在東馬沙巴，也有一位保險界的高人，他默默地耕耘保險金捐贈的區塊，十年來，已經累積了約20億人民幣的保額。

　　所以可以說，保險不但利己，也幫助了民族與社會，這是購買保險的另一個崇高價值。

保險金信託，怎麼做？

保險金信託可徹底落實保險理賠的管理。

在目前的時代裡，因為暗藏許多意外、重症之隱憂，還有家庭婚姻的複雜化，明知道保險可以維護財產的安全，但又不知道萬一真的落實保險理賠後如何管理，所以保險金信託應運而生。

保險金信託有五個重點——

1 落實保險保障，讓照顧受益人的願望得以實現。

2 確保身故受益人妥善使用身故理賠金。

3 避免理賠金受覬覦和侵佔。

4 要保人身前規劃可確保無後顧之憂。

5 可約定信託監察人，避免任意變更契約。

以下分享幾個案例供讀者參考：

1 用保險金準備第二代的經營財力

王先生與王太太家有一個兒子，才小學二年級，因經商需要，夫妻兩人常一同飛到世界各地洽談生意，幼子則託付給祖父母照顧，夫妻倆內心常在想，如有一天發生意外，父母已經年邁，孩子也沒有能力運用大筆保險金，因此選擇「保險金信託」，事先預防規劃保險金。

2 為身心障礙子女準備生活津貼

李伯伯已經去世，李媽媽獨立撫養患有唐氏症的獨子，但李媽媽的年紀已大，她看著無法獨自照顧自己的兒子，不禁老淚縱橫，心想：「萬一哪天自己先走一步，誰來照顧他？」李媽媽選擇保險金信託，如果身故後，可由銀行定期支付安養費用，李媽媽也比較不用擔心他的照護問題。

3 讓子女不因單親兒經濟有問題

　　玉玲是位單親媽媽，離婚的原因是受不了先生嗜賭，成為單親媽媽後為了讓孩子有很好的生活和教育，玉玲更努力工作並積極理財，對於孩子的未來，必須想更多、更遠，玉玲擔心萬一自己發生意外，孩子的爸爸會不當挪用留給孩子的保險金，所以簽訂保險金信託契約，以確保保險金能讓孩子無憂無慮長大。

4 讓單身貴族沒煩惱

　　大仁哥是一家公司的主管，過著很有品質的單身生活，不過父母年事已高，父親又嗜賭，十分孝順的他擔心自己如果有一天發生不測比老人家先走，父母的生活堪慮。因此希望用保險規劃保障父母的生活，但又擔心父親的不良習性也會把保險金用光，母親又不懂理財，因此他利用「保險金信託」讓年邁父母生活更有倚靠。

月光族透過保險脫困

當你看到一件讓你心動的衣服或鞋子。回去想幾天，真的有需要再去買。

所謂月光族，是每個月領了薪水就轉手花光的人。

據某雜誌的調查，百分34.5%的受訪者淪為「月光族」；其餘的受訪者表示每月可以存下薪水的一部分（60%到40%），而對於那些能存下月薪80%以上的人，大家也只能驚歎地羨慕嫉妒了。

有什麼方法可以讓自己有紀律地守住自己的錢？

方法一：買一份儲蓄性的保險

公司或工廠通常會為員工投保團體險，你只要加保一份意外險和重疾險就可以了，其他把主力放在儲蓄險，每個月強迫自己要付五千或一萬的儲蓄險。一個月若一萬，一年12萬，十年至少120萬，二十年至少240萬。一桶金就上來了。何況長期的儲蓄險都還有生命保障，也給家人一個交代。

方法二：作日記帳

確定自己每個月的資金流向。每個月底，做一個嚴格的審視，將那些沒有必要、並且不會降低生活品質的消費刪去，或是選擇替代品。

當你看到一件讓你心動的衣服或鞋子。暫時停止心動，回去想幾天，真的有需要再去買。

方法三：確定未來的財務目標

清楚自己的人生價值觀，確立你的財務目標，你要買房還是旅遊，還是一大筆錢，使之清楚、明確、真實，並具有一定的可行性。缺少了明確的目標和方向，便無法做出正確的預算；沒有足夠的理由約束自己，也就不能達到你所期望的1年、10年甚至是30、50年後的目標。

方法四：薪水再少也要堅持儲蓄

三千塊有三千塊的活法，五千塊有五千塊的過法。養成每月固定儲蓄的習慣，理性消費，留下過冬的糧食，生活會越來越美好！

年輕人用保險創造人生第一金

夢想變成泡影也就罷了，因為無知；因為不願面對現實，喜事可能變成悲劇。

年輕人賺錢不易，名師指點要自己能判斷是否有益。

王品集團創辦人戴勝益出席大專院校畢業典禮時建議新鮮人，月薪不到五萬元不要存錢。雖是好意，卻引起廣大騷動。他的意思是用月薪去學習、去創造人脈。

其實，不管是創造人脈還是努力賺錢或存錢。年輕人要完成任何夢想，都要有第一桶金才能完成，要不要有金，金桶要多大，必須要透過有紀律的方式才能達成。而且除了選擇適當的商品，並透過財務規劃三步驟，才可達成人生第一桶金的目標：

1「及早行動」

初入職場的社會新鮮人不用擔心薪水太低，反而應該趁著年輕可以贏在起跑點時，做好全方位的保險及財務規劃，職場新鮮人要趁年輕掌握「及早規劃、及早準備、及早投資」三個原則。

2「聰明選擇」

面對市面上多元化的投資商品，要如何聰明選擇也是一大學問，風險性較高的投資工具，包括股票、期貨。接下來風險性其次者依序為基金、保險及定存等；投資型保險商品較適合職場新鮮人，不僅可累積財富還能兼顧保險需求。

3「持之以恆」

職場新鮮人不管現在的收入多少，只要好好規劃及分配個人所得，挑選適合自己投資商品，並持之以恆地定期定額投資，在時間與複利累積效果之

下，一定可存到人生第一桶金。

年輕人對保險心無障礙，趁著年輕，保費低，身體好，吃家裡住家裡，還可拿零用錢，體驗生活玩票性質地去咖啡廳打工，這筆打工錢存下來，從大一到進社會，可能都有台幣百來萬。要創業，要買房，要結婚，都是很好運用的錢。

以下還有幾個定律分享給大家參考：

1 4321 定律

用收入的40%買房及其他投資，30%用做生活開支，20%存款，10%保險。

2 31 定律

每月房貸還款數不宜超總收入1/3，否則將成為房奴。

3 雙 10 定律

保險額度應為年收入的10倍，保費支出恰當比重應為年收入10%。

以上這三個定律若能有效掌握。眼前有保障、未來有倚靠，這才是聰明的人生選項。

房屋貸款可保險嗎？

年輕人的風險意識不錯，能思考到事故來臨時的應變，未雨能綢繆真是明智之舉。

參加過小王和小娟的婚禮後沒幾天，他們邀請我參觀他們的新居。房子不大，但既雅致又舒適。

寒暄過後他們談到了正題，無非是結了婚，責任不一樣了，格局也擴大了，想請教我保險應該怎麼買。

他們還焦慮地問，他們的這個房子是兩個人縮衣節食加上鄉下父母親支援一部分，還向銀行貸了大部分款項才購買來的。

他們擔心若是當中一個人薪水沒了或萬一生了病，或者在發生更大的事故該怎麼辦。這對年輕人的風險意識不錯，能在平安無事時思考到事故來臨時的應變，未雨能綢繆真是明智之舉。

買房是人生大事之一，擁有自己的房子也是每個人的夢想。然而，房屋價格增長，民眾需面對龐大的房屋貸款，若貸款人發生任何意外或疾病，家人將承受難以負荷的財務壓力。為了應付風險發生，可以向保險公司投保房屋貸款保險專案。

房貸餘額會逐年下降，房屋貸款保險金額通常採取遞減型，讓保費支付比平準型保額定期壽險更為低廉。

被保險人發生不幸身故或全殘，可一次領取當年度保險金額，還清房貸餘額，照顧家人不留遺憾。同時亦有豁免保費的設計，若罹患癌症、特定傷病、因嚴重意外或疾病導致殘廢，保戶不必再繳保費，但所需要的保障仍然持續，提供堅強可靠的完整保障。

我向他們兩人分析了房貸保險後，他們得知既能擁有保障，保費又不至於太高，原本焦慮的神情瞬間緩和下來了。

保險是最有利益的投資

保險是保障、是儲蓄、是節稅，是隱藏資產的一條安全的路。

當我還是保險新兵的時候曾成交一件有意思的案例。

一個炎熱的下午，我走進一家貿易公司，只有四、五張桌子，看不到工作人員，主管室裡有講話的聲音，我敲了敲門，主動走進去，總經理在大辦公桌的後面講電話，見我走進去，一手摀著話筒，問我有何指教，我遞了名片，擺個手勢請他繼續談，不必馬上理我，他點點頭要我坐下，他接著談，從內容可以知道那是一筆生意，金額不算小，電話中的兩人正在協商和談判中，外面是熱的，裡面冷氣可舒服得很，我幾乎快要睡著了。

他終於講完了，問我什麼事，我把捏在手中的DM給他看，才準備說明，電話又來了，是剛才的對方，看來兩人又有得說，我靈機一動，拿出要保書推過去，指著簽名的地方要他簽，他摀著話筒問我多少錢，我說身分證借我抄一下，看了他的出生年月日對照保費，告訴他一年六萬多元，他沒說話，順手從桌匣裡拿出支票簿開了一張即期支票給我。

我的心快要跳出來了，當時一張六萬多的保單最少是現在六十萬，居然這麼簡單就成交，我雖緊張，但還是指著一條條的詢問事項要他自己勾選。而他還是一邊講著電話。

拿了支票走出那家公司，我先是強忍著緊張心情走到馬路，走了大概百步，四下無人，拔腿就跑，攔了計程車趕快回公司報帳。整個人興奮得快要昏倒了。

後來我問他為何這麼快就決定投保，他說已有很多業務員向他介紹過保險，他覺得不錯，本來就已準備要投保了，能碰到我算是大家有緣。

保單買的神奇，往後發生幾個事件，三年後他膽囊手術，理賠就賠了五、六萬元，他說繳三年還本一年，福利不錯。

再過了三年後，他有一次從菲律賓打電話給我，說是急需資金周轉可否從保單貸款出來，我說沒問題，他回國帶了二十萬又出去奔忙了。

以前的民眾大部分對保險的觀念不足，認為保險不吉利，繳太久不划算，錢給保險公司賺太傻，但也有觀念開通者，知道保險是保障、是儲蓄、是節稅，是隱藏資產的一條安全的路，所以在業務員的勸導下投保了。

不管如何，保險是智者最佳的投資，是最該快快做決定的好行動。

累積一桶金，不再遙不可及

有錢不難，提早下決心、定目標，做出行動，你會賺到第一桶金的。

　　錢不是賺來的，錢是留下來和存下來的，並且是你喜歡它、珍惜它，它才會跟著你，而且因為你珍惜它，它會自己當作分母和種子吸引它的同伴靠過來，所謂利息、增值、加值，正是如此。

　　可否用保險儲存和累積第一桶金嗎？太多的實例，告訴我們是可以的。

　　有幾種方式來累積第一桶金。

　　首先是定期定額的儲存。目前保險公司有躉繳、2年、3年、5年、6年、7年、10年、15年、20年、25年期一筆領回和逐年領回及滿歲型方式。滿歲型是定在如20歲、25歲、55歲、60歲、65歲、70歲等一次領回或逐年領回。

　　你可以月繳、季繳、半年繳、年繳。

　　大部分是依年齡計費，有的公司可以用一整數保費繳付，如月付5000或10000。

　　企業人士固定繳保費當作付保護費吧！一個月付個幾萬月，保鑣都不值。

　　受薪階級固定繳保費當用掉吧！少吃一點，少買一點就有了。

　　你可以用目標倒推法，如屆時要100萬或500萬，用滿期金來決定要繳的錢。

　　如果父母親疼愛你這位富二代，你要買千萬名車，你要買名包名衣。是否可稍稍控制一下，雖然父母親很有錢，但請記住一句話──「愛惜有時錢」，福份是固定的，用完了就完了。

　　你可以用躉繳（一次繳付）的方式來存一些錢，如今年存入九十五萬，六年後領回一百萬，等於賺到將近五萬元的利息。雖然利息不算高，但有效期間擁有一百萬元的保障，而且若提前解約會損失本金，因此具有強迫儲蓄的效果。

或者你的錢真是多到困擾，不妨一次繳多一些，如一次繳個一千萬或兩千萬，以後領到的還本金再買一張存下去，到你想用的時候再提領吧！

　　此外，避免市場升息對保戶不划算，有些保單另外還有增額回饋的設計，也就是當宣告利率高於預定利率，可額外領到一筆分享金。

　　有錢不難，提早下決心、定目標，做出行動，你會賺到第一桶金的。保險是很好的工具。

保險事業的前途光明嗎？

如何做好準備？如何依著數字和年度的推進，也給自己一個高大的寶座。

　　當有些人知道我是1975年進入保險界的，他們無不大為驚奇。他們有時還會問我保險事業到底是什麼，他們若來參加這個行業有沒有前途。

　　我會用一些台灣的數字來說明。

　　1975那年，台灣的投保率只有2%，1986年那年投保率是15.8%，在2000年達到百分之一百的投保率。從15.8%走到100%投保率走了十四年。

　　大陸現在的投保率，15%而已，但財富逐年增加，全世界的眼光都聚焦在中國。

　　如果從2013年算起用十四年的時間，中國國民的投保率在2027年有百分之一百時，若像台灣一樣高達16.81%之保險深度（2011年中國保險深度只有2.94%），則當年保費會有人民幣保費二十多萬億。2012年保險費收入只有1.7萬個億，成長是非常驚人的。

　　這是驚人的數字和可怕的財富，可是有幾個保險從業人員可以想像到那時候的榮景，如何做好準備？如何依著數字和年度的推進，給自己一個高大的寶座。這需要有偉大的企圖心和魄力。

　　再給一個忠告，保險天空無限大、遠景無限寬闊，但要能長期受尊重和支持，必須有高尚的理念、助人為樂的價值觀，不圖重利美名、豪宅名車、名牌奢宴。因為還有人生活在窮困的水準下、有人失學、很多人面臨疾病意外、很多人必然老齡失怙無依，我們必須像先知一樣，大力去鼓吹防患，甚至還要出錢、出力去拯救和呼籲，這是我們不能迷失的責任。

附錄篇
高端保戶開發32技巧

168 Reasons

Why We Need Insurance

如何經營高保額大單？

2013中國私人財富報告：中國富人當前把「財富保障」第一理財目標。

通常頂級客戶透過轉介紹較容易成交和縮短時間。因為介紹人已得到你的服務，他提供的名單，若能再幫你打個電話，要先見面就不難。

❶ 接下來你要自己再打電話跟他約見面時間。你若有他的手機就可免除秘書擋駕，但你最好要問對方說：「我下次可以直接打手機給您嗎？」

❷ 手機不要常打，多打對方會不高興的，通常我打企業主本人的手機都是提供有利於他的事情，好比介紹客源或資源給他。

❸ 見面前你要做足功課，可以先寄封感謝信給他，用實體和電郵並進，不必講太多，只不過是留個印象。你要把他的資料盡量蒐集，好好地細讀他的背景、經歷、公司的營業額等等。

❹ 見了面要把握黃金五分鐘。你要有開門見山的重要提醒語。例如——
  • 我給您帶來一個神奇的帳戶，它具有企業六大「防火牆」功能。
  • 高資產家五大資產管理法。
  • 《2013中國私人財富報告》指出：中國富人當前把「財富保障」當做第一理財目標。
  • 李嘉誠說，真正的富有是為家人購買了充足的人壽保險。
  • 現在中國企業家流行用高額保單作為公司後盾和顯示身價。
  • 溫世仁繳稅六十億，千億身價的國泰人壽蔡萬霖才繳一億。

❺ 定期用微信、電子信件寄他會有興趣的資訊給他，不必多、不要煩，寄了讓他會欣喜會儲存或再轉寄的資訊才是真功夫。

你要將可能他有興趣的資料準備妥當，稅法、各種案例、理賠金資料、中國最新的企業家資訊等盡量豐富你的資料庫。

如何與頂級客戶做第二次面談？

柴田和子在要與頂級客戶面談前夕，必定誠心禱告。原一平甚至到寺廟去靜心。

當有了一個不錯的第一印象後，你如何做第二次面談。

1 用誠意及信心感動她

日本的柴田和子在要與高資產戶面談前夕，必定誠心禱告。原一平甚至到寺廟去靜心，並祈禱客戶健康幸福。

業務員們千萬不要太功利，生意八字都還沒一撇，你就開始算利益。注意，頂級客戶都懂讀心術的，你傳達的不是真心真意，他會感受到。你要把各種資料準備精美、仔細和詳實。你的語氣不要霸道、不要說教、不可指揮。最好做個聆聽者，細細地傾聽他內心的話。

2 客戶通常會說他不想被說服買保險，也說不需要保險

但是與他談話中，你要注意他在意的是什麼。保險的最高境界就一個字「愛」。他生意做大了，一定有他的心中最愛的對象。對愛人的虧欠、對孩子的教育、對父母親的孝思、對員工的責任、對社會的使命、對宗教的關心、對貧困人士的關懷，甚至對一份不能提的感情牽掛。

3 以名人為實例分享

比如說李嘉誠先生說他一年可以為企業創造20億，在未來十年裡能夠為企業創造200億，如果李嘉誠先生沒有足夠的時間，這份人壽保單就如同他的重生，也可以為他創造200億，完成他想要完成的人生。

還有馬雲為什麼要投入保險業，因為馬雲知道，在國家民族富強的過程中，沒有保險的搭配是等於沒有備胎的汽車，保險是可靠的備胎。

4 建議保額

金額的建議有幾種，一種是一個範例，一億或兩億，讓對方心裡有數，免得搞了半天，一看到建議保費就退避三舍。二是你告訴他，現在已有人保了四億或五億，他要不要跟進。三則是和對方好好地細算一下，稅金、費用、可能的損失……等還有沒有不能讓人所知的金額。若是能詳實計算，金額可能達到一個你想不到的數字。

5 約定體檢

沒有體檢，沒有生意可言。不必在數字打轉，變數相當多。可是一經過體檢，投保的可行性可以高達百分之七十以上。

你要夠專業，到哪裡體檢最有效率，檢查什麼項目，要不要先跟公司的核保單位打招呼，要不要先到體檢醫院走一個流程。這些都是不能疏忽的，你若太大意，功虧一簣，那就太倒楣了。

切入金字塔頂端，商機無限

你不能去加入這些貴客的俱樂部嗎？你不能參加他們的讀書會嗎？
你不會從他們的校友、鄰居、餐廳⋯⋯走進他們的世界嗎？

　　根據統計，百分之五的人擁有這社會百分之五十的財富。而百分之二的人士是堅強的頂級消費貴客。

　　他們可以享受高價位的房屋、汽車、精品，他們要的是頂級的服務、與眾不同的待遇。

　　他們以優人一等、高人一等的享受為傲，他們喜歡用昂貴的物品或榮耀襯顯不凡的身價。CHANEL、GUCCI、YSL、Cartier等名牌紛紛打造豪華的展示間專門服務這批頂級顧客，也邀請這批身價不斐的族群專程到國外參加名模服裝秀。而他們一年兩三千萬的Shopping能力也使他們可以對外津津樂道。

　　面對這批貴客，如何吸引他們買一張高額的保單呢？

　　有一位專門經營科技新貴的超級保險業務員，昔日的同學看到他的名片就要退避三舍，旁邊友人立即對他說：「你不用躲，如果你一年保費無法繳台幣一百萬元以上，他是不會找你的。」

　　這位超級業務員他專門主攻科技新貴。科技人在研發產品時，日夜無休，做到「爆肝」的大有人在，很多人成了新貴，卻也很多人自己享受不到。

　　這些人是需要保險的，但他們是不自知的，也可能沒時間去處理，也可能沒心思去想，更重要的是他們沒遇到貴人，可以幫他們趨吉避凶，解決困擾和長期規避風險。

　　你不能去加入這些貴客的俱樂部嗎？你不能參加他們的讀書會嗎？你不會從他們的校友、鄰居、餐廳、車行、小孩的學校、褓母⋯⋯走進他們的世界嗎？

我有經營頂級客戶的條件嗎？

你現在擁有的實力，你的職位、你的組織、你的外表是否足夠讓他們認同你。

人人都想經營高額保單，先問問你自己有沒有具備這些條件。

五個「戰」字，提供給有心走向超級的市場保險人作為參考，去審視自己是否夠格。

1「戰功」

你創造了什麼好記錄，你用什麼可以讓人肯定你，你憑什麼讓別人能拿出幾百萬、幾千萬來和你達成一筆交易。你若沒有好成績，你將很難說服這些頂級客戶。

2「戰力」

你現在擁有的實力，你的職位、你的組織、你的外表是否足夠讓他們認同你。

3「戰略」

有心得到這些頂級人士的青睞，你就必須有些戰略、戰術出現。

你的目標族群、你的核心價值、你的通路、你的行動。

好比你到他們常出沒的餐廳、Club、精品店去消費。

你也打入他們的社團，你認識他們的服裝、飾品設計師。你在他們參加的社團中擁有一個受重視的職位。

你搭頭等艙去接近他們，你開頂級車去爭取認同，你住在高級社區裡。

你有和他們一樣的品味、觀念、賺錢的態度，他們會喜歡你的。

你更認識了一批知道誰是頂級人士的專業人士，如醫師、會計師、律師、設計師、美容師等。

4 「戰德」

你的內涵氣質不能差，尤其是專業知識，其他的社會知識、企業知識也要涉獵。你有沒有在報章媒體發表論述，甚至著作等身，這代表你的權威、你的專業。你是不是行業中的領導人，當媒體需要保險觀念時，你可否代表行業發言。當然你的道德力也要高，你不可以賣弄他們的隱私和所知道的人事物。

5 「戰氣」

沒有人會喜歡一個無精打采的人，讓自己隨時保持充沛的體力，讓你的陽光熱力去照射四面八方，讓準客戶喜歡你的熱情和主動。

當然不可能這麼簡單就可以打入這些金字塔頂端的族群。

你要以耐心的態度，更精進的學習力，加上更細膩的手法，你才能收成不凡的成果。

頂級市場太競爭、太飽和了

在台灣目前是為第三張做努力。美國是為第四張努力。日本為第七張做努力，中國呢？只能說是為開拓第一張保單做努力！

好幾次在內地受邀講課時，業務員會向我吐苦水，認為保險市場有點太競爭，飽和，很難做，尤其頂級市場，更是競爭，要怎麼辦呢？

我舉我進入保險業的時候，當時台灣的投保率不過2%左右而已，現在超過200%，到底是沒有人買的時候，比較好經營呢？還是大家都有保險了比較容易行銷呢？

少有少的問題，因為大家對保險不認識。多也有多的困擾，我已經有了嘛！還要談什麼！在台灣，目前是為第三張做努力。美國是為第四張努力。日本投保率百分之六百多，他們的行銷人員還是在為第七張做努力，至於中國呢？目前投保率還不到百分之二十，所以我們只能說是為開拓第一張保單做努力！

按照2011年人壽保險總保額比國內生產總值GDP：中國為33%；香港150%；日本350%。2011年人均GDP（美元）：中國5072元，香港3.2萬；日本4.6萬。人均保額（人民幣）中國1.1萬；香港32.1萬；日本107萬。這就是中國人的壽險價值，空間還大得很，業務員的任務很重大。

但是要注意的是，目前的業務員品質良莠不齊，而且對保險的理念價值感並非很清楚和堅持，常有受保戶詬病的狀況發生。所以保險業並非大家都認同和尊重，但這也是給能堅守崗位的夥伴很好的機會。

至於頂級市場，先問你能力是否夠強，以大陸現在三百萬從業人員而言，如果你是屬於前面的百分之二十的優秀份子，你的競爭對手是六十萬。如果你是優秀裡面的精英層，二十裡面的二十，你的對手只有十二萬，十二萬人要協助十三億人口中的百分之四——五百二十萬的頂級菁英做財務規劃，怎麼會競爭呢？還是一片藍海呢！

用慈悲心打動高資產戶

用慈悲心打動客戶的心扉，名利雙修的保險善緣法則。

這是發生在馬來西亞的一件大case。保費一年約繳人民幣五百萬，十年期的。

這位企業家事業有成，資產雄厚，衝著朋友的介紹，勉強和業務員見面，老實說，這是給介紹人面子而已。以下是業務員轉述的經過。

「保險我買很多了，都是人情，我看你不用再談了吧！」他開門見山地這麼說。

「林董，我不是和您談保險的，我是要和您說明企業家要有的社會責任的。」

「怎麼說？」他有些好奇。

「我先請教您，如果有來生，您希望下輩子一樣榮華富貴吧！？」

聽到這裡，突然他把椅子轉了過去，整整大概三分鐘，他才又轉回來。

「你說我要怎麼做才會對來生有幫助？這和保險有什麼關係？」

「用您的生命價值買一張保單，成立基金會，用小錢換大錢，留下無窮盡的生命力！幫助弱勢族群，功德讓來世仍享福分！」

這個說法讓他深思。他又把椅子轉過去，整整又三分鐘。

轉回來之後，他開始和業務員談如何用保險金成立基金會。

用慈悲心打動心扉，公益可觸動人心，保單的功能超越需要，保險為善門而開，助人為樂就是助己為樂，這是名利雙修的善緣法。

頂級客戶是可遇不可求嗎？

頂級保單，絕對不是可遇不可求，是可遇可求！遇到就講、講就要成、成要介紹、介紹感謝。

依照財富分配原則，目前是貧富懸殊的過程，在中國，經濟學家統計，百分之十的人占全部財富的百分之七十五，而且還在持續增加。

據統計，十個家庭中就有一個資產超過五百萬人民幣。甚至金額高到你很難想像。動不動就說身價幾個億，甚至百億千億。

所以頂級保單，絕對不是可遇不可求，是可遇可求！

但頂級客戶在哪裡？

在報紙的新聞裡、在電視報導裡、在出國名單裡、在百貨公司的貴婦族群裡、在別墅區裡、在股票市場裡、在看屋的人潮裡，在名車的車子裡，在為子孫一擲千金的爺爺奶奶裡。

美國福特一世創立了汽車王國，有人向他推銷了一百萬美元的保險，在百年前，這是一筆多大的保單，等於現在人民幣的好幾十億。他的好友也在保險公司任職，當他知道福特買了這麼一張巨額保單，怪他為什麼沒跟他買，真是太不夠意思了。

福特怎麼回答的呢？他說：「因為你從來沒有向我開口啊！」

所以客戶到底在哪裡？在你的嘴裡，我常對業務員說，行銷有十六字訣「遇到就講、講就要成、成要介紹、介紹感謝。」

不要害怕開口，一開口就要盡力促成，促成後請求介紹，介紹後不管成交與否，回報與感謝最是重要。

諾基亞隕落，對頂級企業主的啟示

一個手機王者為什麼最終卻廉價地成為了微軟的附屬品？僅僅改良，僅僅滿足需求是不夠的。要有多重保險的概念！

柯董是上市公司的負責人，生意版圖橫誇歐亞美三洲，品牌亮麗，公司成長銳不可當。

他的好友林董介紹他給我認識的時候，他對保險不反對，但要見面能談一個鐘頭的時間一直排不出來，好不容易約上了，我見面寒暄後立刻遞上一份諾基亞的新聞簡報。

諾基亞曾經一度是手機行業的王者，其最輝煌的時候市值高達1100億歐元，而2013年九月出售給微軟的價格僅為55億歐元。一個手機王者為什麼最終卻廉價地成為了微軟的附屬品？以往還有手機先驅者摩托羅拉被Google收購，加拿大最大國企北電網路破產，索尼愛立信「離婚」，黑莓面臨出售，曾經的巨頭相繼倒下。這些大企業發生什麼事呢？

這張簡報提出了看法：

1 沒有抓住消費趨勢，最終被後來的蘋果、三星等全面超越。

2 對市場的變革反應遲鈍，過於沉溺於過去的輝煌。

3 專利和新技術不能及時進行消費者轉化。

4 戰略搖擺，舉棋不定，錯失良機。

5 品牌老化，缺乏時尚感，慢慢失去想像力。

6 只專注單個產品創新，而未能在生態系統上創新。

7 僅僅改良，僅僅滿足需求是不夠的。要有多重保險的概念

當我提到第七點時，柯董笑了笑，意味他已經知道我的意圖，轉身內線電話一打，要秘書進來，交代她好好地聽一聽我的建議。

Reason

009

賣出臺灣最大的壽險保單

要買高額保單，兩個條件，一個是財力。二是身體狀況，能通過再說。

話說我在當保險公司的業務老總時，有一次到南台灣的高雄營業單位，大家圍著我聊得興高采烈時，一位資淺的業務員拿一份建議書要我看看。

我接過來一看，隨手就甩了出去，大家嚇了一跳，尤其是這位業務員更是嚇得花容失色。

我笑著說：「你不要緊張，我是說，你這建議書上的人，是高雄的名人、大企業家，我在臺北都知道他的威名，他的財力更不用提了，你怎麼給他這麼小的一個建議，一年才二十萬，根本開玩笑，簡直離譜。」

「那我該設計多少呢？」她還是很緊張地問我。

「我怎麼知道要給他多少的額度，財力也只有你知道！」

「這樣好了，他是這麼有名的人，你去告訴他，要買就買一張台灣最大的保單！」

「可是金額要多少呢？」

「先不用告訴他買多大，先看他能不能買！要買高額保單，問他有沒有兩個條件，一個是財力，財力他沒問題。二是身體狀況，能通過再說。」

談完後我回臺北，這件事我也忘了。

過了大概三個月，她打來了電話，語氣充滿了興奮。

「陳總！向您報告好消息！」

「什麼好消息呢！」

「就是上次您告訴我怎麼處理的大CASE，我已成交了！二十年繳費，一年繳六百多萬。」

真的是好消息，我倒要好好地了解她是怎麼處理的！

「我向他建議買台灣最大的保單，他不反對，體檢有一些問題，處理兩個月才解決。」

「倒是收費那天出了一點小狀況，他先問我可以打多少折扣，我說折扣違法，而且幫他申請這麼高額度的保險，應該要收他的服務費才是，怎麼還可提折扣呢？他接受這觀點，不提折扣，但又提了另一個問題？」

　　「什麼問題？」

　　「他居然問我投保的是哪一家公司呢！」

　　所以客戶會買保險，不是因為保險本身，不是保險費率高低，也不在乎哪家保險公司，他是因為你才購買保險的。

　　你本身的專業度、行業素養、應對進退與熱忱，關係著你是不是能在保險業裡馳騁萬里的因素。

　　你要對自己有信心！對保險有信心！對公司對商品也要有信心！更重要的，你要對客戶有信心！你敬重他，他的出發點為他好，你用保險幫助他，你用保險讓他的事業更擴大，更能發展得強壯、紮實！

誰帶你進入頂級區？

人不親鄉親，中國人最是念根思鄉，在外地打拚，一聽到口音相似，同是老鄉，怎不支持呢？

頂級區是封閉的，不是茶館，你想來就來，想走就走。但只要有人帶你進來，你就是自己人了，當然來了受歡迎，談什麼大家洗耳恭聽。

誰能帶你進入頂級區呢？

試著從九同進入串連：

1 同鄉—人不親鄉親，中國人最是念根思鄉，在外地打拚，一聽到口音相似，一問居然鄉音不改鬢毛衰，老鄉矣，一分的溫馨，一分的扶持。怎不支持呢？

2 同宗—同個祖宗的後裔，同一個姓氏，當然能幫就盡量幫吧！

3 同學—凡是同學校讀過，不論是幼兒園、小學、中學、大學、研究所、國外學校或什麼黨校、進修班、講座，能夠攀個關係當然要互相扶持。

4 同道—共同的信仰，同一個師父門下，或同一個宗教團體。

5 同好—相同嗜好，琴棋書畫詩酒花，或柴米油鹽醬醋茶。能夠追逐另一個生活領域的學問的，皆是同好。

6 同梯—同一次入伍受訓，同一期企業班學員，彼此間有革命情感，有共同奮鬥的目標。

7 同業—曾經同個行業共同創業過，可能互相扶持，也可能競爭過，但有共同的感受和語言，說起來是有一定的感觸的。

8 同門—同一個老師的門下，共同受業過，相同理念，一樣的文化。

9 同商—同一個商業團體或共同的族群，如同鄉會、同社團。

沒有志同道合就沒有辦法同心同德，如果你九同都碰不到邊，我想你大概在這行業生存不了了。一定要從客戶的言談中抓出一些蛛絲馬跡來類同的。

例如他說，我是金門人，你要立刻說，我去過金門玩，或者說我姨丈是金門人。他若說我曾拜在南懷瑾大師門下。你要立刻說，南師我欽佩得很，我拜讀過他的很多書，還知道他開拓了溫州鐵路。

牽親挽戚，人不親鄉親，鄉不親找出一定要親的因素！

作業務最重要的就是人脈，人脈來自經營，有心的經營。

拜電子科技的方便與迅速，你可以把人脈經營得很有效率。

和對方初相見，交換名片後，離開對方五分鐘內，立即發個簡訊，向他致意，感謝有認識的機會。

24小時內，再發個電子郵件，提供和他相關的知識或資料。

定期（如每一週），你發出屬於你自己的電子報，讓對方感受到你的企業經營力。

不用花很多的費用，也花不了多少時間，但你可以和對方牢牢地綁在一起，因為你是一個與眾不同的人。

帶入頂級區的關鍵推薦人

形象顧問師，專業塑造企業人事形象的專家，她光帶一位貴婦逛街，臨接指導就要收好幾萬元。

這些專業人士的周遭有很多頂級人士，你若取得他的信任，或是對他的業務也大有幫助，大家交流名單，又有何妨？

1 醫師最具權威性，他講的話最受信任，如果他願意幫你推薦，成功性非同小可。

2 醫師娘，醫師的夫人，社會地位高，是相當受尊重的人士。

3 老師，受大部分的學生肯定和尊敬的，其教授的學生也包含了各行各業。

4 命相師，大部分的企業人士都相信風水地理，若是地理師、命相師願意拉你一把，成交率是很高的。

5 禮儀師，專門替人處理家中長輩最後一程的人士，在他協助過一個家族的苦痛後，他已明瞭這個家族的關係和財務狀況。

6 會計師，專責替人們把關和協助財稅問題，經他提示或指導的保險項目，更非小數字。

7 形象顧問師，專業塑造企業人事形象的專家，她光帶一位貴婦逛街，臨街指導就要收好幾萬元，如果她能幫你推薦，高額保單更不在話下。

8 婚禮設計師，規劃婚禮，是新人倚重的顧問，也是生命中重要的貴人。

9 裝潢設計師，房屋如何設計規劃，風格如何建立，他的話是有份量的。

10 銀行家，還有什麼好說的，他代表權威、明確與需要。

11 房仲，它可以讓你瞭解購屋者的實力和需求，甚至你可以和他明確合作。

12 其他銷售員，土地、車輛、電化用品、古董、傢俱、俱樂部等銷售人員。

13 餐館，餐廳高層也是看盡人生百態，知道各種人士的需要。

14 證券員，如果不是老帶股民住套房被套，他的需求性相當高的。

15 導遊，帶著旅遊團，最少五六天，多者十幾天，什麼個性不會不知道的。

16 小姐，大陸所謂小姐是有想像空間的，她們認識的人也很多的。

17 官員，不同的官員，如稅務、法務，自己想像吧！

以上這些人若能幫你引介，你的市場空間將大到無可限量。但你要捫心自問，你值得別人推薦你嗎？

你的專業能力可靠嗎？你的應對進退不會讓推薦人丟臉。還有，人家介紹，你是如何回報，你如何讓人願意再一次的推薦你！

讓頂級人士歡迎的十大特質

有對上天的一份信仰，對眾生的悲憫之情。融合事業與志業的一份情操。

　　要讓頂級人士接受你，你必須具備特殊的個人特質，有些是你要花時間去學，有些你可以從高手身上去揣摩，但更多是你與生俱來的智慧。十大特質讓你更受歡迎。

❶ 專家的權威：你一定要有屬於一位專家必須有的權威，包括各種相關的知識，如稅賦、法律、公司法、投資法等等。

❷ 迷人的能量：舉手投足，你有你迷人之處，那是因長期歷練，內斂與自信所孕育的氣質。

❸ 體貼的風貌：不疾不徐，展現最優質修養，讓客戶知道，你不是為利益和他來往。你正在從事一項神聖的使命。

❹ 回覆的速度：客戶的疑問、需求，你能很快地回應，很多的業務員，聽不進客戶的心聲，但一位超級業務員，他是和客戶站在一起的。

❺ 超值的效應：超越客戶的需求，讓客戶感受到，你不是保險業務員而已，你可以提供多元且超值的效益。

❻ 獨特的風格：你有與眾不同的魅力和吸引力，在你的身上，可以得到能量，看到生命的光輝。

❼ 人脈的匯集：可以將最重要的人脈匯集，讓大家因為你的串連都獲得有效益的友誼。

❽ 超俗的智慧：你的智慧超越了一般人的水準了，這是你日積月累的吸收各界的知識和勇於參加各項讀書會、演講會的成果。

❾ 信仰的力量：有對上天的一份信仰，對眾生的悲憫之情。融合事業與志業的一份情操。

❿ 趨勢的眼光：看懂未來的趨勢，能讓客戶趨吉避凶，能讓客戶得到最大的槓桿效應。

與頂級人士如何講話？

與專業人士講話，要能實事求是，讓他覺得你心無旁鶩，值得深交。

鬼谷子是古老的一位智者，帝王之師，他曾經說出如何與人交談。雖時日已久，但彌足珍貴。

1 與智者言依于博：與有智慧的人講話，要能廣博寬闊，讓他覺得你的知識淵博，值得深交。

2 與博者言依於辯：與知識淵博的人講話，要能專精深入，讓他覺得你言有所本，值得深交。

3 與辯者言依於事：與專業人士講話，要能實事求是，讓他覺得你心無旁鶩，值得深交。

4 與貴者言依於勢：與有地位的人講話，要能因勢利導，讓他覺得你的客觀公正，值得深交。

5 與富者言依於豪：與富有的人講話，要能豪邁磊落，讓他覺得你的不俗格局，值得深交。

6 與貧者言依與利：與一般階層的人講話，要能引導向上，讓他覺得你的能力不凡，值得深交。

7 與戰者言依於謙：與剛強的人講話，要能謙和柔軟，讓他覺得你的不亢不卑，值得深交。

8 與勇者言依於敢：與率性的人講話，要能直言不諱，讓他覺得你的氣宇非凡，值得深交。

9 與愚者言依於銳：與平實的人講話，要能醍醐灌頂，讓他覺得你的善於助人，值得深交。

以上這九大原則很值得我們深思學習。

提供給頂級人士的重要警句

一份給家人或你認為最可靠、對你最忠心耿耿的人士一份免稅的錢。

接下來我提出一些警句給大家參考，讓社會大眾對保險更有信心。

1. 我幫你創造現金：保險是創造現金，一份不因時間、時機、興衰、生命存在與否，皆能存在的現金。

2. 保障少數人控制的公司：讓公司核心經營階層，不因當中有人發生事故而股權變動產生動盪。

3. 利用免稅禮物：一份給家人或你認為最可靠、對你最忠心耿耿的人士，一份免稅的錢。

4. 創造有保證的錢：不會被稅務、債務、抵押、保證，等負面因素所影響的錢。是最後保命，不降低生活品質的錢。

5. 購買關鍵人物的保險：讓關鍵人士、如專業經理人，安心經營、長期效命的一定可兌現的一筆錢。

6. 為合夥人的股權買保險：合夥人萬一因意外離去，一份讓他的未亡人安心退股的錢是公司安定經營的保證。

7. 為退休保本：為充滿不確定的老年提共確定的養老基金，為老齡生活留下尊嚴、幸福。

8. 為幸福的婚姻保風險：讓婚姻除了愛情外，有萬一後的麵包本錢，就是愛情褪色，也有好聚好散的溫情。

9. 為孝順的子女保尊嚴：要孝順需有錢，不要讓久病無孝子，因為有保險，子女不煩心，不為錢奔走，不因無錢受責難。

10. 請把我放在發薪名單：只要一份普通員工的薪水，我可以讓你擁有一百個員工才有的財務貢獻力。

11. 所繳的保費永遠不會比保險公司付出去的多：絕對可以保證的是，您所繳的保費永遠不會比保險公司付給您的多。

⓬只要有遺產稅問題的人就需要高保額：除非不用繳遺產稅，否則就需要準備一張高額保單。

⓭頂級人士買壽險一定要買賓士級，才不會後悔：合乎身份，合乎真實需要，增添您的自信心、增加社會認同感。

⓮存越多，未來越不後悔：存的越多，以後領的越多。現在存的少，以後不會因漲價、不增值、條件多而傷腦筋。

⓯要裸捐，先保險：要裸捐、要做好事，不讓家人不諒解，用保單全部可解決。

⓰忍下來就過去了，不忍，永遠過不去：保險費是你不繳永遠沒有，忍痛存下來，忍過就有，不忍，永遠沒有，永遠過不去。

⓱分手時的情義：不能長長久久，何不細水長流，用保險彰顯情義的真實。

無法開發頂級市場的原因

趨吉避凶，勿貪短利，勿行不實之言論，實事求是，才能走得久，走得穩。

　　千古名書「了凡四訓」中，有提到袁了凡先生自述為何沒有功名和子嗣的原因。用他所提的七個原因，來探討有些人為何進不了頂級之門，談不成頂級保單。

❶ 相貌輕薄：一臉的虛偽，得不到信任和歡喜，這是因得不到人和，平時不與人為善之故。

❷ 不能積德造福：以推銷為名，雖有豐厚之收入，但不懂分享，不能澤及弱勢族群。只討論保單之利益為要，以快速成交為樂。

❸ 不能忍受繁雜：一些團體之公眾事務，能閃就閃，能避就避，無法讓人重用，有時若也加入頂級人士之族群，圖的是生意，更沒法讓人與他交心。

❹ 心胸狹小：好計較，貪名貪利，對自己有利的事情才要做，出發點均以生意為始。

❺ 自以為是：不聽人言，自以為是，不喜歡學別人的東西，都以為別人不如他，比不過他。

❻ 行為乖張：奇裝異服，或故做名士派或奇女子打扮，有很多女士，不是濃妝豔抹，就是一身的家當都掛上了，如此哪能獲得正派客戶的青睞。

❼ 言語狂妄：有些人一副語不驚人死不休的言談，天下唯他最厲害，保險唯他最優秀。外行人可能被他唬過，內行人可上道得很，哪能輕易上勾。

經營頂級市場的 13 個條件

趨吉避凶，勿貪短利，勿行不實之言論，實事求是，才能走得久，走得穩。

想進入頂級市場需要一些條件的，以前的中國人說，成功要具備一命二運三風水四積陰德五讀書。我從古書上看到有人給擴充到13條件，略述大要。

❶ 命。先天主觀的條件，如果身體太弱、太差，有前科，沒讀書，如何與人談生意，更不用提到進入頂級市場。

❷ 運。時機，中國經濟蓬勃的大時代，就看會不會掌握。

❸ 風水。環境。有無互相切搓、相互砥礪的環境。

❹ 積陰德。要抱著這是做好事，行功立願的崇高志業。

❺ 讀書，學習。廣學各種有利開拓市場的知識，稅法、心法、技法，都要用心。

❻ 名。名氣、知名度。如果要進入頂級圈，你沒有戰功，沒有出書立著，你如何取信於人？

❼ 相。形象、相由心生，後天的培育、鍛鍊，如何產生令人信服的氣質？

❽ 貴友。有什麼樣的朋友，得什麼樣的事業。有什麼樣的學習，得什麼樣的規模。

❾ 敬神。信仰、敬天愛人，堅信所做所為可讓天神相佑、相助。

❿ 養身。行善避惡，順天理，行正道，身體好，可行百里路，做千年功。

⓫ 擇偶。能得相助之配偶，無後顧之憂，得全力開展之效。

⓬ 擇業。挑什麼樣的平臺前進，總不能亂槍打鳥，得不到深入專精之功。

⓭ 趨吉避凶。勿貪短利，勿行不實之言論，實事求是，才能走得久，走得穩，也可受客戶之賞識，得長期之加保和介紹之機會。

費德文開發頂級市場的建議

說話的方式，遠比所說的話來得重要。一個業務員與其學一些超級話術，還不如先確立好自己的心態。

班・費德文是美國排名前十二名的頂尖業務員。在他的壽險領域裡，無人能出其右。他對業務員有以下四個重要的建議。

1 你的業務大小完全由你的眼光決定

企圖心要強，眼光放大，先要放大格局，所謂定位決定地位。你的業務大小完全由你的眼光決定。不要怕放遠你的眼光，把你的視野提高。眼光遠大，你自然就會成為大人物。

2 充分利用你自己，因為那是你所有的全部

你的價值取決於你把自己變成怎樣的人，充分運用你自己從各種管道所獲得的知識。知識是無法妥協的，要懂某些事，你就得花功夫鑽研它。

3 對你正在做的事，要有把握，要有十足的把握

如果一個業務員不曉得自己正在銷售什麼東西？也不知道公司的商品究竟好在哪裡？那你怎麼可能知道你要在客戶面前談些什麼呢？學習。你一定要學習。你必須先「相信」它，才能銷售它。

4 你說話的方式，遠比你所說的話，來得重要多了

一個業務員與其學一些超級話術，還不如先確立好自己的心態。這是一種做人、做事的格調，個人特質的展現。

梅第博士的精神

梅第博士認為各種投資都有不確定性，唯有保險最安全。

梅第博士是當代保險之神，他已經九十多歲了，但仍然樂在傳播保險精神，到全世界四處分享保險重要性。他從伊朗到美國，從不懂英文及保險是何物，已工作近六十年。

2009年的四月他到台灣演講，在台三天我有幸近距離陪同他，也邀請他到舍下晚餐。從他的人格與風範中感受他的精神，實在百感交集。

他已年邁，體力不如往昔。在餐廳一坐下，頭一低即沉睡半個鐘頭。但累歸累，當有人要與他簽名、合影，他都來者不拒，工作人員要推開擁擠的人群，他還微笑地要工作人員不必如此，他的隨和令人尊重；他時時替人著想的行止使人感動。

五十多年來他的好習慣讓人動容，每天四點多即起床，到台灣也如此。他起床運動並做早餐，七點前就到公司，堅持與毅力，顯示一個人成功不是沒有道理的。

他認為保險是人世間最好的投資。可以應付人生三大階段、四大問題、八大需求的保障。

三大階段是指：撫育期、奮鬥期、養老期。

四大問題是：活得長、死太早、收入中斷、殘廢疾病。

八大需求：生活費用、教育費用、住宅費用、稅務費用、養老費用、醫療基金、應急基金、最後費用。

他認為各種投資都有不確定性，唯有保險最安全，他要所有保險業務員都必須明確執行這份神聖的使命。

最偉大的汽車銷售員喬・吉拉德

要學習他的技術無須多大學問，但問題是一般人沒有他的熱力，做不來他的積極與堅持罷了。

　　1977年金氏世界紀錄記載著一位「最偉大銷售員」——美國密西根州底特律市的喬・吉拉德，他於1973年創下前所未聞的1425輛，個人年度汽車零售紀錄，直至1991年金氏世界紀錄年鑑還記載著，他一生總紀錄是13001輛，每月最高174輛，平均每日6輛，他的紀錄至今無人能破。

　　喬・吉拉德出生貧民窟，35歲以前換過40個工作，曾破產過，但自他35歲後開始賣車，創下四個世界第一：單日、單月、單年、總銷售量冠軍。

　　他在其十五年的汽車銷售員生涯裡，碰到經濟環境紊亂的時刻、越戰、石油危機，但一年還賣出一千多輛車子。他是如何做到的呢？

　　勤追蹤準客戶——他每個月不間斷地寄不同卡片給客戶，最高紀錄一個月寄出一萬六千封。卡片一年出現在你家12次！若想要買車，當然要找他！

　　名片傳單化——他喜歡在公眾場合「撒」名片，在球賽裡名片整袋地撒出。到餐廳用完餐，帳單裡夾上三、四張名片及豐厚的小費，經過公共電話旁，也不忘在話機上夾個兩張名片。

　　讓老客戶再回購與幫忙促銷——「我的客戶裡，有九成是回頭客，剩下的那一成，不是搬走了，就是已經過世了！」老客戶成為他的助銷員，在完成歷史天量的那年，四分之一的量是老客戶介紹出來的。

　　形象行銷——如果你想要向紅極一時的他買車，就必須像上醫院看診一樣排隊預約，有時還得等上半個月、一個月的。向他買車已是一種榮耀。

　　善用價值影響力——1978年，喬・吉拉德急流勇退。目前依然行程滿檔，應邀到各地演講，分享行銷經驗與推銷秘訣。要學習他的技術無須多大學問，但問題是一般人沒有他的熱力，做不來他的積極與堅持罷了。

推銷之神原一平的三恩

原一平自稱：他的所得除百分之十留為己用外，其餘皆回饋給公司及
客戶。

　　曾創下世界壽險界最高紀錄，二十年未被打破的「推銷之神」原一平，
他個人奮鬥歷程，向世人鮮明昭示：有志者，事竟成。他身高只有145公分，
他成功的背後，是用淚水和汗水寫成的辛酸史。

　　他有堅強的毅力和信念，為了贏得一個大客戶，他曾經在三年八個月的
時間裡，登門拜訪七十次都撲空的情況下，最終鍥而不捨獲得成功。

　　原一平的三恩主義：社恩、佛恩、客恩。

❶「社恩」，他被尊稱為「推銷之神」，卻沒有傲慢自大，反而謙沖為懷，
　口口聲聲感謝公司的栽培，晚上睡覺腳不敢朝向公司之方向。

❷「佛恩」，原一平一生成長的歷程，除了自己刻苦奮鬥外，還有很多貴人
　的相助。但他內心裡最感謝的是啟蒙恩師吉田勝逞法師、伊藤道海法師，
　他認為若沒有他們的指點迷津，原一平可能還只是一名推銷的小卒呢！

❸「客恩」，就是對參加的客戶心懷感謝之心。對每位客戶有感謝的胸懷，
　才能對客戶做無微不至的服務。原一平自稱：他的所得除百分之十留為己
　用外，其餘皆回饋給公司及客戶。

　　就是在這三恩主義的指導之下，原一平取得了甚多的成就。

　　推銷是一條孤寂而寂寞的路，遭到的白眼和冷淡都遠遠超過其他行業，
然而，獨一無二的原一平用自己的汗水和勤奮、堅韌和耐心走過了這條荊棘
路，創造了世界奇蹟，成為所有人為之敬佩的「推銷之神」。這種精神，值
得所有業務員學習和敬仰！

高手如何經營頂級市場

他切實地遵守他的時刻表，包括運動，如果客戶約定的時間是他的運動時間，他會要求更改約定。

費德文是保險界的奇蹟，他創造了個人總數八億五千萬美元的保費記錄。二十五年間，每年平均二千二百萬美元保費，曾有一個年度實收一億美元。

他是如何使自己成為一個偉大的保險工作者。服膺每週三件的紀錄，簡單從事不誇張，不放鬆。

他每天早上八點開始工作，持續十二個鐘頭後才結束。工作時間比別人長，而且有紀律地執行。他切實地遵守他的時刻表，包括運動，如果客戶約定的時間是他的運動時間，他會要求更改時間。

工作結束後。閱讀兩小時的專業書籍，包括財經、時事、社會的一般事務和學問，他努力地充實和吸收。

他用小錢換大錢、同樣時間做大事，他每天讓助手們忙碌，助手幫他處理繁瑣和服務客戶的事。他每週工作七天，通常在週日思考新點子，他並不會東南西北地到處找客戶，他只是在公司方圓40哩，人口20萬的區域做好深耕開發的事項，他不浪費交通時間，他做到這區塊內的民眾要諮詢或購買保險都會找他。從文獻看出來，費德文有六個助手，這是企業化經營了。

費德文的六位助手是這樣分配的。

兩人做建議書，建議書要做得仔細、精美，又個人化，加上諸如法令、稅法，各種客戶可能有興趣的資料無不盡善盡美地蒐集羅列。讓客戶可以一眼就看得出他的用心及專業。

一位專門處理信件，當年沒有電腦可做行政文書處哩，這位助理會固定在費德文拜訪前或拜訪後寄出致意信和感謝信。日復一日，精誠所至，客戶當然樂於和他打交道。

一位助手負責檔案管理，客戶的資料鉅細靡遺地登錄，舉凡客戶和家人

的生日，繳費日、節日、紀念日，理賠紀錄，或客戶的特殊需要都持續地服務著。

一個特助，安排他的行程和約定事項。在沒有手機的年代，電話的約定、追蹤和必要的聯繫都是很重要的。

再加上一個會計師，能將他的財務做清楚的規畫，諸如他的投資和稅賦，有時也要協助客戶的處理財務困擾。

費德文說：「你的價值，在乎你怎麼運用自己的才能。」他知道他的長處是和客戶溝通，他只要分配好他的助手的工作，他就可以做出最有價值的事情。

這就是他的成功之道。

費德文如何尋找新客戶？

費德文說，我只是走出去。你要去拜訪，除非拜訪，否則無收穫。他每週會安排 30 ～ 40 次拜訪。

費德文能夠持續地維持高績效，他是如何做到的？從記錄裡我們可以看到一些訣竅。

他隨時維持並補充一份兩百人的名單。有效的名單才可以補充源源不絕的火力。當然他會分類，和排定先後次序。

他以協助處理孤兒保單為榮，客戶的原始承攬保險員已去職，通常後續接手人只是公式服務，但他不是，他是殷勤、細膩，做到令對方感動。

上帝會回報那些無私幫助別人的人，因為他的用心，他會讓客戶以向他投保自豪，好心有好報，好報來自不斷的保單和新的推薦名單。

費德文說，我只是走出去。你要去拜訪，除非拜訪，否則無收穫。他每週會安排30～40次拜訪，會先寄信通知即將拜訪，信中用公司主管或名人名義推薦。

他花小錢賺大錢，除了善用助手幫助他之外。他用了一些小錢得到功效。如在客戶年紀調整前夾一元美金提醒，信中有現金當然不會隨手被丟棄。他還會向客戶買時間，好比說一個鐘頭用美金五百元，客戶當然要仔細的聽一個鐘頭，高額生意就這樣進來了。

他讓客戶的秘書願意協助他，伴手禮、感謝函、小手冊、年節禮，由於不花什麼大錢，秘書收的安心，當然就會幫他安排時間了。

所謂行行出狀元，路是人走出來的，沒有天生的好手，好手盡在人世間。

柴田和子成功要訣

同業及手裡的案子或不容易處理，她會要求轉給她處理。越困難的，
她的鬥志越高昂。

柴田和子是連續20年蟬聯全日本壽險銷售冠軍的紀錄保持者。

一年保費含團保超過美金7000萬，一個人的業績等於800個業務員總和。

她有幾項是別人難以向背的獨特方法。

她用高級人脈拓展業務，頂級人士願意替她背書，肯將最好、最有實力的好友介紹給她。

用奇裝異拓展形象，沒有實力若是奇裝異服只會徒增他人訕笑。但她有本錢，所以能走出特殊風格，讓人一眼難忘。

她善用團保開拓無限業務。團保讓她人脈更穩定，團保讓她整個公司上下游和員工都支持他。

她用贈送火雞拓展業務。在重要的節日送上火雞，當然客戶一家吃不完，她又追蹤到客戶分送的鄰居。

看電視找資訊，看到電視裡面的名人或被報導的特殊人物，她會立即搜尋相關資料，也立刻聯繫追蹤，不和她做生意，她是很難善罷甘休的。

從同業的困難裡找商機，如果他知道同業手裡的案子不容易處理，她會要求轉給她處理。越困難的，她的鬥志越高昂。

向全世界高手學習，雖然已是全日本最傑出的業務員，但她還是會向全球的高手學習，我曾目睹，在一個研習會中，她掛著耳機，全程兩個鐘頭聚精會神地聆聽，手上的筆記還記錄個不停。

如今她培養了兩個女兒接棒，也是日本保險界的佼佼者。

客戶沉默不語

一個人心情不好，有人不識趣地談他並不很樂意聽的事，加重他的不愉快。

　　小英說她和一個準客戶談了好多次，本來溝通得不錯，可是今天再去拜訪時，對方卻一句話也不講，她不明白究竟是怎麼一回事，問也不答，套也套不出個所以然，令她不知如何是好？

　　客戶不講話，原因很多，可能他今天心情不好，昨天跟太太吵架了，或者正好有事，一筆帳款被倒了，倒的是他認為最不可能倒的人。股票跌了，該買的不買，不該買的大跌。

　　還有一些讓他心情不能提升的事情。不提也罷！一個人如果心情不好或是剛好有心事，跟他見面的人又不識趣地談一些他並不很樂意聽的事，很可能就加重他的不愉快。

　　你該怎麼處理呢？識相點，此時不是談保險的好時機。

　　觀察氣氛，看你可以和他談什麼。如果他願把心裡的話講出來，你就做一個最好的聽眾。如果他講出來的事情你幫得上忙，好比是某大師能解惑。小心地提出，看是否幫得上忙？

　　讓他覺得你這個人是個可以當朋友的人，這樣就夠了。

　　不必在現場耽擱太久，讓對方自己沈澱放空，你雖然談不上保險而遺憾，但你還是可以在車中或什麼地方迅速發一個簡訊安慰他。簡訊會讓他備感溫馨。

　　小英立刻發出安慰簡訊。過了幾天她再去拜訪那位客戶，結果興高采烈地回來，因為客戶投保了。

　　那個客戶昨天不講話，原因是被朋友倒帳，他正在氣頭上，所以讓小英吃了閉門羹。但是客戶說，從來沒有一個業務員在吃了閉門羹後，會發簡訊安慰他，所以他很感動，認為這樣的年輕人值得栽培，因此馬上買了保險。

Reason

025

穿著打扮失當是客戶不投保的原因之一

客戶反對的不一定是保險，也可能是推銷保險的人啊！

業務員小莉出生於富豪之家，外型也長得明豔動人。她基於體會社會百態才出來從事保險業務。但業績一直不怎麼好，我要她的主管陪同去看看是出了什麼問題。

一陪同立刻看出原因了。

為什麼客戶會用和太太商量、太太不買保險、太太說過一陣子再買，等等理由來拒絕小莉。

原來是——她的低胸上衣讓客戶無法直視，她和客戶坐得很貼近，香水味令人神魂顛倒，她的稱呼「陳大哥啊！李董啊！」嗲裡嗲氣地令聽者酥到骨子裡面去。

她不知道她的穿著和對應客戶的方式已讓正派的客戶或客戶的太太出於本能就排斥。還有一身名牌、珠光寶氣。加上十指彩繪，戒指項鍊。一身行頭百萬以上。怪不得生意談不成。

還有她會在非上班時間打電話，或用簡訊約客戶吃飯、喝咖啡等。

你想想，如果你是客戶的太太，你會怎麼想的！保險是神聖的一份工作，穿著務必追求得體，而你卻穿得像交際花般，客戶怎能接受你？！

我的好友，電子業的龍頭蘇先生告訴我，他說只要女士穿著不當，他便不跟她有生意往來，一般業務都尚且如此保險更不用講。

他還說，他要他的業務員出門見客戶，男的一定打領帶，長袖襯衫，女的穿制服，不能濃妝豔抹，用語措辭，坐姿舉止都有一定的規範。

客戶反對的不一定是保險，也可能是推銷保險的人啊！

目標就是一切

有大目標，才能有激情、使你沸騰、成為大人物。

想成交高額保單嗎？只要你自信心很強烈，你就是一個能成交高額保單的人。生意的大小，受想法所支配。如果你膽怯，如果你認為自己不是個能成交高額保單的人，如果你不相信客戶會買，那你就真的做不到。

要高瞻遠矚，前景才會大。試想，一張兩億的保單是多美好，你幫助了客戶，你讓他節稅、存款、避開風險、設立避險的水庫，你讓他富上加富，因為他成為富中富，所以他可以因為他的富有去提攜人才，培養更多對社會有助益的企業家，也幫了社會的弱勢族群。這些都是因為你幫他建構了一張高額保單，讓他可以達成創業時的心願。

有大目標，才能有激情、使你沸騰、成為大人物。你有目標，你有目標導向，有美妙的藍圖和願景，想到目標的達成，你的熱血沸騰，你充滿熱情，你成了能量的發射體。

十萬和一百萬差別只有個零。不要害怕提出數字，多一個零，讓客戶多一份資產，他會感激你，他會因你身價大增，因你更有力量，更有開闊的氣魄和信心。想一想，他的朋友不過幾百萬的身價，而他是億萬級的超級人士，他會有多激動。

很清楚的價值感和理念，不是夢想，是理想。知道這一生的使命，朝著責任勇往邁進。你知道你的人生功課，你會完成它，甚至超越，因為你是一個充滿陽光的人。

有了這些力量，你意氣風發，臉上充滿了自信的光彩。你和頂級人士為伍，他們喜歡你，因為你帶給他們能量、陽光、智慧、人脈、希望和創意。最重要的是，你幫他們建構一張大保單，提前創造了他們生命的夢想。

問題在哪裡？商機就在哪？

理財的趨勢也改變了。過去十年，家庭理財配置房產、黃金。未來十年，將是股票和保險。

這個時代會有什麼不敢想的問題？

最大的問題是老年安養的問題，大陸是未富先老，香港、台灣、新馬印華人都因少子化和醫療進步，使得老年安養成了大問題。

再來是貧富懸殊的問題。大陸是百分之十的人占了百分之七十五的財富，沒有錢的人有困擾，有錢人的困擾更多。

婚姻問題。小三氾濫、婚姻觀念破碎，華人學到了西洋人的離婚風暴，動不動以分手為當然。台灣已是當年度兩對結婚就有一對離婚的可怕數字。其他華人地區怕也差不了多少。

另外是資金氾濫、黑錢氾濫。中國從世界工場變為世界市場。

理財的趨勢也改變了。過去十年，家庭理財以配置房產、黃金為主。未來十年，將是股票和保險。

問題在哪？商機就在哪。現在的問題不用嗅，看也看得懂，保險可以幫助的事是哪些？富人們若不趕緊從大水庫的資金移一些到保險水庫來，怕的是哪天大水庫崩塌，資金蕩然無存。

一般人士也要盡快為老年生活佈局，只有放在保險公司最安全，十幾二十年到台灣的業務員就請有識之士將資金放到養老帳戶，現在繳費期已滿，開始逐年領還本金，未老先領，年年用這筆錢出國度假，人生一樂也。

聊出好人緣，讓對方越聊越喜歡你

和領導階層在一起，你會有優雅的氣度。與智慧的人者同行，你會不同凡響。

在一般人的聚會裡，談論的是閒事和八卦，賺的錢是工資和蠅頭小利，想的是明天和月底。

在生意人的聚會裡，談論的是專案和韻事，賺的是利潤和差價，想的是下一季和明年。

在企業家的聚會裡，談論的是趨勢和合作，賺的是財富和機會，想到的是未來和傳承。

你和什麼樣的人在一起，就會創造什麼樣的人生。

和正向的人在一起，你不會消極。和格局宏大的人在一起，你的視野得遠大。常和領導階層在一起，你會薰陶出優雅的氣度。與智慧的人者同行，你會不同凡響；常和高人學習，你可以登上巔峰。

但是和這些對你有幫助的人相處，要能時時受益，最重要的是有耳無嘴、多聽少說。常要和對你有幫助的人請益和聊天，而聊天也有對的方法和重點。

會聽才會聊，多講無益，要能聽到對方要講的弦外之音，要讓對方的得意事盡情發揮。世界級的汽車銷售大王喬·吉拉德曾經有過一次失敗的案例，明明到手的生意竟然莫名其妙飛了，他越想越困惑，只好打電話去請問對方，他哪裡做錯了。對方告訴他，她想買車送給考上名校的兒子，但吉拉德卻只顧著介紹車子，完全沒有附和她的得意事。

當對方開始談他的得意事時，你要推波助瀾，引導他盡情去講，對方談得越起勁，對你越是有益。

你要讓對方覺得你是常常帶給他非凡受益的人。孟子見梁惠王，雖貴為大王，一打照面即問了：「先生不遠千里而來，應該有什麼對我國有利的東西吧！」這是人性，人人都喜歡的。

當你和對方所聊的事對他確實有益時，他一高興，免不了要分享給他的朋友和把你給推薦出去，他幫你打廣告會比你自己講的還入木三分。

　　刪除、保密、分享。和對方聊天完畢後，要懂得分辨。

　　哪些是你聽過後就一定要忘掉的。

　　哪些是必須保密的。哪些是他希望你幫他多多吹噓和分享的。

　　經營高額保單，說穿了，這是人格及專業的顯示，兩者都不可或缺。

Reason

029

通路行銷是一條要走的路

二十一世紀裡，企業要成功的三大要素——通路、創意、整合。一次購足的觀念正在抬頭，終身服務的需求也在落實中。

　　二十一世紀裡，企業要成功的三大要素——通路、創意、整合。

　　威名百貨（Wal-Mart Stores）的營業額大過於微軟，憑藉的是他的六千多個銷售點。這幾年保險銷售生態在快速轉變中，多元銷售侵蝕傳統銷售部隊。電話行銷、銀行保險代理、網路行銷，一步步地使高成本、長時間培育的傳統行銷人員備感壓力。

　　人壽保險講究人性，人與人的溝通、服務，可以使產能及需求達到滿意點。人與人接觸的行銷模式還是無法全面被取代。

　　行銷人員除了傳統行銷模式外，可以廣開有效果的通路行銷。通路行銷先以建立通路及通路合作開始。

　　有哪些通路呢？

　　1.大型的公司、工廠。

　　2.人民團體，如工會、公會、漁會、宗親會、登山社等。

　　3.學習機構，如學校、讀書會、社區大學。

　　4.有大量名單的對象，如旅行社、風景點、旅館、網站。

　　5.非制式化的團體，如社區住戶。

　　6.可共同推動業務的機構，雙方合作作異業結盟。

　　與這些通路合作的功效是降低費率、提升產能或雙方共同獲利。合作的基礎建立在以下幾個原則上：

❶ 合法——一切以合法為基礎。

❷ 由簡入繁——先建立如旅行險、意外險、團體險、醫療險等險種，若壽險先從躉繳或六年期等簡易型入門。

❸ 各司其責——在互蒙其利的原則下，雙方配合與協助。如發寄公文、或出具推薦函、或幫忙做說明會。

❹建立長遠關係──有些險種可在一段時間後得到退費或優惠的好處，更是應該去珍惜。

❺互利──透過保險的機制，兩方皆可讓彼此的客戶及同仁受益。很多大集團也會在內部成立涉獵保險這塊餅的單位。

❻創造附加價值──將周遭的價值給衍生出來，如稅務服務、購屋之火險、購車之車險，或者將更多的客戶資源做更大的利用。

　　一次購足的觀念正在抬頭，終身服務的需求也在落實中。通路行銷正是這些觀念的實證。

　　所以業務員的發展空間還是大大存在的。

九大殺手謀害頂級人士

人若是賺得全世界，賠上自己的性命，那又有何益處呢？

「我的生意正是旭日東升的時候，不可能出事的，不必買保險的，何況保險也不能保證我沒事。」

錢董對我提出的保險建議不以為然。

我說：「錢董，保險當然不能保證您的企業無事，但最起碼保護您有事時的損失。」

錢董有些不高興：「我怎麼會有事呢？」

「我不是說您會有事，但我要提醒您，您是頂級人士，頂級人士有一些殺手在謀害人命的！」

「什麼意思？！」

「頂級人士們有九大殺手，第一是酗酒。應酬多、大量酒精攝入，不豪飲沒豪氣，但長期下來頂級人士都有胃病、脂肪肝之『三高』。

第二是抽煙，全球的頂級人士就屬中國商人最會抽菸。社交和增進情誼，也可降低壓力。誰都知道「吸煙有害健康」，可是老總們因為習慣及上癮使然，幾乎是吞雲吐霧，一支接一支的抽。

第三運動少，大老闆都忙啊！坐著靠背椅、思考勤分析、出門有司機、上樓有電梯、出國搭飛機，哪有時間運動？！

第四是熬夜，大部分頂級人士都是夜貓子型的，工作、應酬、打牌，遇到知己甚至徹夜長談。人體在晚上11點到凌晨3點是肝膽的修復期，這段時間應該要躺著排除毒素。

第五是勞累，老總們總是事必躬親，很多場合要出席、很多會議要講話、很多應酬要應付、很多人事要關照、很多決定要拍板、很多戰略要考慮。還有很多不能說的事要做，搞得老總們累得筋疲力盡，整日灰頭土臉。

第六是壓力，人在江湖身不由己。沒有人喜歡壓力，但壓力隨著每年的

成長、每季的考核、每月的達成、每週的進度到每天的報表，日夜無休地給予壓迫感，造成精神及器官的老化和傷害。

第七是酸性體質，宴客應酬青菜瓜果吃得少、大魚大肉吃得多，水喝的太少，早上不吃飯，容易讓身體變成酸性體質，心腦血管疾病的高發作體，易致腫瘤和癌症。

第八是微量元素失衡，不規律的生活，不正常的飲食，不良的生活習慣，高度緊張的工作狀態，讓身體的營養素失調，微量元素失衡。仗著年輕，長期處於緊張及體力透支的狀態。

第九環境污染，城市人口集中，污染越來越嚴重。吃的飯菜、飲用的水、泡的茶、黑心食物、穿的衣服都可能不安全，這些污染在不知不覺中正侵蝕著我們的身體細胞和組織。

沒有健康億萬財富皆是浮雲，有建康才有將來！您說是吧？『人若是賺得全世界，賠上自己的性命，那又有何益處呢？』」

旅遊行銷

休閒中，與旅客輕輕鬆鬆互動！在旅遊中建立信任感，讓人感覺與你在一起同樂。

　　我有一位保險界的朋友，她有國家級的導遊執照，她也是旅行社的特約導遊，因為她在大學修的是法語，所以她固定一年會帶兩團精緻歐洲團到歐洲去。

　　精緻團的費用比較貴，所以參加的人必定是財力比較雄厚的頂級人士。一趟旅遊時間最少半個月，因此不是退休族群就是事業已有成的企業老闆、貴夫人。

　　在途中，細膩的服務、用心的關懷、超值的享受，客戶無不對她大表好感，這麼長的一段時間中，她將每個人的身家都詳加瞭解，而她也不經意地讓大家知道她專門在為頂級人士做理財規劃。

　　回來後，專程送上照片和小禮物，而這些乾媽、乾爹，無不熱情款待，就這樣，她一年的高業績就順利到手了。

　　某業務團隊和旅行社結合。每月做出國豪華深度旅遊，日本、美國兩地成為重點！精心幫客戶選好線路，省心省力還能省錢，買的東西還超值！每次20人左右，旅遊中與旅客建立好感後，建好微信群，旅戶感受好！大家都感覺這次的旅遊安排太棒了！

　　與旅行社長期合作，創造價值！在旅遊中建立信任感，讓人覺得與你在一起玩，長見識，有價值，又開心！誰都樂意與有價值，好玩，輕鬆，開心的人在一起！

　　玩得開心，喜歡的遊戶源源不斷！遊客喜歡你，信任你，樂意與你交朋友，當然機會就大增了。

保險社區服務處是未來趨勢

一個就在鄰居的保險服務處所，社區人士當樂於和他們來往，並接受
保險的服務。

　　台灣的投保率已高達百分之兩百以上，但孤兒保單也隨著擴大，而民眾
的保障需求並未真正落實，美國保險大師費德文只在居住地的40哩方圓內展
業，為的是追求細膩化的經營，透過交心，保戶才能真正將所需保額交付。

　　近來台灣已開始做社區性質的保險服務處，有些並和大賣場直接合作，
負責的行銷主管一來減少舟車奔波，二來可博得大量地域客源，是以保險創
業的好平臺。

　　社區化經營還有一些實質的優點——

① 讓保險銷售轉變為社區安全守護神。使保險的核心價值確實發揮，可以深
入化、細膩化、安心化。

② 單一壽險公司無法兼顧的財產保障，透過結合產險銷售資格的社區保險服
務處可以讓民眾順利取得。

③ 社區保險服務處提供壽險的生、老、病、死、殘。產險的汽機車險、竊
盜、火災、地震、責任險，甚至寵物險。

④ 社區保險服務處讓民眾的保單可以做健診，民眾的出門旅遊可立即投保、
立即發單，萬一有理賠還可快速服務。

⑤ 保險便利店可固定（如每週）舉辦投資理財演講等，還可舉辦如插花班、
氣功、書法班等和民眾親近。

⑥ 社區保險服務處除一主管外，五至六名固定成員足夠矣，上班時間可在上
午九點開始和總部視訊早會。晚上輪流守至九點。可吸收已退休之中年婦
女或中年人士二度就業，而且終身免退休。他們是鄰居的好朋友，是可被
接受和信任的社區保護神。

⑦ 服務人員因有各式敲門磚（如旅平險、意外險、醫療險、短期儲蓄險），
還可結合金融集團資源，如信用卡、小額貸款。如果是和大賣場合作，更

是可和各種實體物品連動。

8 現代人的疏離感甚重，甚至對保險業務員心存距離，但若有一個就在鄰居，日夜可看到的保險服務處所，社區人士當然樂於和他們來往，並接受保險的服務。這應該也是未來的保險創業模式。

從事保險工作不該短期操作，要知道保險工作沒有退休年限，可以活得越老、做得越愉快。

往往人一老，無所事事，容易老化，百病纏身。但從事保險工作，有若終身公益，談好事、用好心、存好念，若不是依靠收入生活，還可長期將所得轉為助貧濟苦。

這是佈施的志業。

法佈施。時時以正法啟迪人心，提醒大家要有家庭責任、社會責任和老年時的自保責任。

財佈施。用收入助人是小佈施。因傳達理念讓民眾得到真正的保障權益，在發生困難危急時，保險產生大效益，救人於危或讓企業得以起死復生，這是業務人員最大最真誠的財佈施。

無畏施。啟迪無明，改變無知，對於保險不了解的人，一再地給予啟發和指導，讓所有的困難成為平順，使挫折轉為光明。

保險，是世界的光，是世人的愛，是和平的能量！

感謝保保網的線上採訪，也感謝所有在網上學習的朋友，由於現在是保險推展的大好機會，也要跟大家談開門紅，並且介紹我的新書《要買保險的168個理由》，這本書是保險的實務百科書，是對大家相當有幫助的書籍；書中有很多的關鍵點可以讓從業人員運用在開門紅上，因為開門紅的時間已經越來越急迫了，年底要到了，大家都急著要來安排明年度的業績，都希望可以一炮領先。這本書裡面提到了很多高端客戶的開拓，對大家來說會是一個相當好的助力。

Q1 路文麗：你好，我是新入行半年的新人，想請教一下，在接觸高端客戶的時候應該具備哪幾方面的專業知識才能讓客戶信賴我呢？

答：新入行才半年，接觸到高端客戶，會比較辛苦一點，你的經驗比較不足，高端客戶看過太多業務員，看過很多有技巧的行銷人員。你要脫穎而出，就看看自己夠不夠專業？自己的知識夠不夠到位，自己的產品和講解能不能讓客戶聽懂，客戶之所以會買保險不是因為產品，往往都是因為信任業務員，所以先從身邊有高端客戶的主管和經理開始學習，不要貪圖先做高端客戶，先累積自己的經驗值比較重要！

Q2 陳晨：陳總您好！保險代理人流動性很大，幾十年的從業經歷，是什麼樣的動力讓您在壽險行業堅持下來的？謝謝！

答：為什麼流動率大？因為在這個行業得不到自己想要的，不能實現自己的夢想。我們所做的不是保險，是在幫助人，我們可以幫助一個家庭幸

福，讓一個企業得到穩定，我們可以讓社會更繁榮，讓國家更富強，我們要抱著保險佈道的心態，如此才可以讓自己在這個行業實現夢想。

Q3 鄧文博：陳老師好！我是剛晉升的主任，現在，我一邊做自己的銷售業務，一邊要管理團隊，感覺很有壓力，有些顧不過來。請教陳老師，我該怎麼辦？謝謝！

答：晉升主任不要有壓力，要當成長的動力，你要記住，你上頭還有經理來幫你，你要按部就班，跟著公司的指令，包括公司制度，文化理念等，參考前輩的經驗，跟著他們的走法走，就會成功，增員很重要，一個人一天能工作十二小時就了不起了，但十個人就不一樣了，一個人一年最多一億保額，那十個人？一百個人呢？能給社會產生很大的效應。一個人開計程車，只能自己開，但是開個計程車行就不一樣了。你要找些朋友，和他們分享你是如何成功的，用正能量感染他們，那這樣他們也會成功，你也能進一步提升。

Q4 高雲軒：陳老師好！請教陳老師，您的助理為您完成哪些工作？增員助理的工作內容有哪些？客戶服務的助理，工作內容又有哪些？謝謝！

答：我是代理公司的老闆，行政人員三十多位，我讓他們服務我的業務人員。我在書中提到，美國保險名人費德文請了六位助理，有打電話的，有會計，有服務人員。廈門的葉澐燕，有十位助理，我建議，一個資深從業人員，到了某個階段，就要找助手，從一個開始，逐步成長，這是一個高端行銷人員必須要有的觀念，想要靠一個人打天下，對不起，保險不會做得太好的，也不可能，一定要企業化，要團隊化。

Q5 胡汝彬：陳老師好！現階段組織發展，選什麼樣的人加入自己的團隊？組員中，哪些適合做業績？哪些適合做菁英？該怎樣培養？謝謝！

答：找什麼樣的人，最重要是跟你頻率相同的人。你們有相同的想法、嗜好，不能找跟你思想差太大的。先問你自己，為什麼要做保險，為何選擇這家公司作保險，要在這公司做到何種程度。找人也是問他這三個問題。一些人適合做業務，一些人適合做組織發展，你要根據性格特點判斷，同時協助他們完成工作，讓他們邊做邊學。在耶魯大學的牆上有一句話，「持續不斷地學習，夢想就不再遙遠。」在保保網學，或者去參加 CMF、MDRT，你要把這學習當成投資。前些天我去廣東中山市分享，我跟大家說一個數字。俄羅斯人一年一人平均可以看到55本書，日本人一年可以看40本，韓國人一年7本，中國人卻只有0.7本，這是不是代表我們很不喜歡學習。我一年至少可以看200本以上，如果希望對業務有幫助，請你多學習。

Q6 黃俊飛：陳老師好！臺灣那邊是如何做好開門紅的？謝謝！

答：開門紅臺灣當然也有，但是大陸更特別重視，一年之計在於春，如果一年的開門有好的業績，一年就穩住了，第一季要達到全年 35% 的業績量，這樣對全年的勝算就多了很多。好多業務員在年底就開始準備，要找好客戶，選好產品。開門紅的時間裡面有一段時間是春節長假，長假是最好做業績的時間，親戚朋友一起過年，就跟他們說，辛苦了一年的錢別亂花了，為自己、為父母存下來，當做養老金，醫療金等。過年買保險是最好的時機，因為你會記得很清楚，元旦、元宵、國慶都是買保險的好日子，要把節日當做是行銷的好機會。現在可以開始列名單，假如目標開門紅是做到100萬業績，這些業績從哪裡來，將客戶從經濟實力排好等級，選擇好聯繫方式，現在就要準備好。高鐵開得快，不是一下子就起來的，也要有個起步的過程，這和臺灣都是一樣的。

Q7 林帆：陳老師好！團隊整體較年輕，緣故市場不太好，如何幫助他們做主顧開拓？謝謝！

答：年輕有年輕的優點，體力好、活力足，敢講、敢攀緣，你可以做好緣故拓展。緣故拓展就是把有一面之緣的人當朋友來拓展。很多陌生人本來你不認識，你去理髮，自然認識理髮的，你去吃飯，自然認識服務員，在電梯裡、在咖啡廳裡，不同行業的銷售員，都可以換名片。去吃喜酒，多準備一些名片。每個人身邊，都是250個緣故。可能沒有兄弟姐妹，但一定有父母、叔叔、阿姨等，還有一些朋友、同學。年輕人擅長網絡和科技，可以想辦法用現代化的觀念挖掘人脈、找出市場。

我在書中有做了一個預測，目前大陸的投保率只有15%左右，臺灣已超出200%了。臺灣在投保率15%時是1986年，在2000年達到100%。如果再14年2027年大陸也達到100%，以現在臺灣的保險深度是18%來看大陸，2012年總保費1.7萬億，若那年也是這深度的話，保費將達到22萬億。是現在的13倍，這是多大的一塊餅，請問你占有率多大？你在哪裡？你要怎麼看你自己？你該如何佈局和執行？請你好好想一想。

現在中國政府對保險的鼓勵是全世界首屈一指，今年年初就花了1億RMB在央視廣告談保險的好處，7月8日定為保險日，9月份開學，中學課本都有十幾課的保險課程。聽說習近平先生這幾天也保了一百多萬保額。

政府為什麼這樣重視保險？因為整個中國老齡化嚴重，一個獨生子女未來要負擔12個老年人，隨著醫療技術的提升，人的壽命越來越長，現在政府就是鼓勵大家多參加商業保險。深圳明年可能實行遺產稅，這都是保險業的大好時機。你要搭著順風船，揚帆直發，這是重要的機會，大家一定要把握。

Q8 歐明琴：陳老師好！早會內容安排上，今年開門紅前的最後一個月側重哪些內容方面的宣導？謝謝！您是如何做的？謝謝！

答：早會宣導要展現實力，讓大家感到很有機會。我早年從事保險，都去挑戰一些不可能的任務。早會邀請一些做得好的同仁上臺分享，介紹如何認識到好的客戶，如何讓客戶做轉介紹，這很重要。現在這個年代，陌生拜訪不是不行，現在的人的防備心都很重。轉介紹是很好的方法，取得客戶名單再去拜訪，同時表達自己想要做第一名的意願，再透過一些得當話術，讓客戶接受你。

Q9 陸洪濤：陳老師好！我主要增員途徑是來自網路，年齡都比較小，約24歲左右。留存率很低，大部分都不會超過半年。

答：年輕人有年輕人的特性，他們最喜歡學習和熱鬧，你要讓年輕人來這裡有家的感覺，讓他知道年輕進入保險業有更好的未來。做任何事業都要趁早，越年輕的時候越累積實力，對以後越有幫助。年輕人喜歡賺錢，有夢想，其他行業內固定薪水就那些，在保險業內，憑著努力和學習，對行業的熱忱，還可以到各地去參訪，甚至公司一年都有3～4次出國旅遊的機會，每位夥伴都願意分享自己的經歷，如果能熬上半年，你就告訴他再做半年，告訴他要加強學習，增加準客戶名單，多打電話，多發微信，多在網路上露臉，增加自己成長的機遇！

Q10 魏方雄：請問陳老師，未來大陸和臺灣地區的保險，會有什麼樣的接軌？

答：從1991年，也是就二十年前，臺灣和大陸的保險業就開始接軌了；當時的接軌是從臺灣有一些書籍、作品、以及資深的從業人員到大陸去做一些演講、培訓、專業課程等；近十年來，大陸開始有一些作品、專題及表現優良的從業人員跟臺灣做了一些交流來往，甚至最近，因為大陸的產能提

高、經濟提升，對臺灣從業人員的刺激以及正面的領導影響不在話下；未來由於兩岸交通、科技的發達便利，還有觀念上的接近，大陸投保率逐漸提高，所以兩岸人民的經驗接軌，會有更緊密的聯繫。臺灣以前的經驗值是大陸未來最好的借鏡，大陸給臺灣行銷人員最大的希望是市場太大了，其實這也是大陸營銷員的大好機會。

Q11 忻超辰：請問陳老師，對於應對高端客戶的拒絕處理，應該如何應答呢？您可否舉一些拒絕處理的實例呢？

答：我在書中有提到一個很殘酷的實例，一對夫妻膝下無子，事業有成，每月收入都在20萬人民幣以上，銀行存款隨時有五六百萬，房子價值千萬，他是公司大股東股份，股份不少。所以他拒絕買保險，他說保險對他沒意義。

誰知道突然來了一個腫瘤，為了治病，無暇管理公司，股份賣了，得了400萬。治療了一年多，病情沒起色，千萬的現金花得差不多了，只好把房子給賣了，但只賣到800萬，再治療兩年，人走了、錢也沒了。

書中我也談到名畫家陳逸飛，一個著名畫家和企業家，因為不經心，沒保險概念，人走了，財產沒了，打官司爭權益，他的太太和五歲小孩還要朋友接濟。他太太宋美英對他又愛又恨，她說：「我恨他忍心拋下我們母女，他走之前沒安排我和小孩的未來，我失去丈夫，小孩失去父親，我和孩子都失去一生最愛的人。」

人都以為可以掌握一切，但哪有可能掌握眼前的變化呢。

高端人士對自己都很有自信，如果你沒有特殊之處讓他看得上眼，他怎會接受你，書中我也寫了很多讓高端人士接受你的方法。並專篇談了32個開拓高端市場的技法，你看了之後會大有收穫的。

Q12 于心林：向您請教，我的一位原客戶由於其他從業人員的疏忽，留下了對保險的不良印象，請問我該如何處理呢？

答：其他從業人員的疏忽，應該要盡最大的能力來補救，用你的態度和專業來重新建立關係；客戶購買保險的需求，是經常性、連續性、重複性的；不要以為客戶的拒絕就是再也不買保險，相反的，客戶的拒絕才是購買的信號，有批評才會買，會嫌貨才是買貨人。建議你，固定地提供給他保險資訊，用手機、電腦，以微信和他連絡。有經過時去看看他，他罵過幾次後，就會轉為稱讚和接受你了。看他時要帶一些小東西送他，保保網的東西經濟又實惠，我的書也不錯，不能吃只能看，一看就受用。

Q13 鄭仕輝：陳總您好，臺灣地區的保險業現在與大陸地區如何不同？

答：臺灣的投保率，每個人大概擁有2.5張保單，而大陸目前則是100個人裡面，大概只有15張保單，也就是六分之一的人才有一張保單。所以兩岸的差距很大，臺灣的現況是高度競爭、補足不足部分，如養老金、重大疾病、長期看護。大陸目前投保率低，平均保額才有一萬出頭，太低了，只有比較富裕或是比較有觀念的人，才會購買保險，但就算擁有保險，他們的額度也還不夠高、不足實際需要，所以以目前而言，大陸現階段的發展性，會比臺灣來的寬廣、更能夠得到好的效果，這點對大陸的從業人員來說，是應該要更積極努力的。

兩岸都有幾個現象是保險人非常可以發揮的點，一是老齡化的危機，二是高醫療化的危機，三是高看護費用的危機。

Q14 陳佳：陳老師您好，臺灣的營銷員，是如何利用遺產稅政策的呢？

答：遺產稅在臺灣來說是很開放的話題，2008年臺灣的遺產稅由50%降到10%，所以本來因為稅務規劃關係將資金移轉至境外的民眾，現在反而回流回臺灣。大陸若也展開遺產稅的課徵，很多富裕的人，可能會移轉財產到國外或移轉給家人。

但資產移轉的過程中，有些時候是充滿了很多危險性；錢到境外，是否自己可掌控，都是未知數。而且人民幣未來一定是強勢貨幣，昨天的報紙才發佈人民幣在未來二十年可能有好幾倍的增值空間。提前過戶給下一代，又有遭受遺棄的危機。

唯有透過保險，客戶可以得到的，無論是保障的利益、實質的利益回收、甚至是資產移轉的安全性及完整性等……都是你自己看得到、可以掌控的；雖然臺灣遺產稅降到10%，但高端人士動輒百億千億身價，無論如何，稅金還是一筆問題，臺灣的從業人員及客戶都很成熟，有很多可以討論和安排保險來儲存稅金的規劃；書中我也談到對於大陸高端人士的調研，這幾年他們也開始利用保險來保值和防範風險了，這對大陸的夥伴會是非常好的一個展業機會。

Q15 胡汝彬：陳老師好，你是否會有來大陸講課的機會？

答：對於講課這件事情，我本人保持的態度是去分享，去傳播對保險的大愛。這個機會肯定是有的。

Q16 何謂東：陳老師您好，部門訓練中，拒絕處理的模擬訓練應該如何設計比較好？

答：先把問題分門別類，像我在書中就將反對問題分成八大類，讀者可以一目了然，非常清楚，其中我個人認為和以往比較不一樣的地方是，我將

女性篇及高額保單篇都特別抓出來，也有高端人士開拓技巧篇。

　　如果培訓課程來敘述這一段的時候，可以先講書中的案例，然後再和大陸實際狀況接軌，在培訓的過程中請從業人員做角色扮演、話術演練等現場模擬，再把這個問題重新思考，同一個問題是否可以有三個以上的解決方案、面向。也就是說讓行銷人員在面對問題時，可以跟多方的去思考。這樣相信對他們的成長，會有更大的幫助。

Q17 李勝凱：陳老師，想向您請教，如何應對孤兒保單的拒絕呢？客戶由於長期無人服務，開始不認可我們了。

　　答：看到孤兒保單應該要非常高興才對，所謂孤兒保單指的是已經購買保單沒有從業人員在服務；碰到這樣的狀況，那你應該要這麼想：既然已經買了保險，表示客戶已經有一定程度的保險觀念；我們應該做的就是再次向客戶說明舊保單，讓客戶明確知道他這份舊保單的內容和擁有的保障，待客戶再次清楚瞭解後，你應該接手服務，甚至進一步幫客戶做診斷，先以服務代替推銷，不要一心只想成交保單，我想經過客戶對你一段時間的觀察及考驗之後，銷售自然會水到渠成。對於孤兒保單千萬不要感到恐懼，應抱持著很興奮的態度；根據美國保險大師費德文說，他最喜歡處理的就是孤兒保單，只要有孤兒保單，他就很樂意先去做服務，我想所有的從業人員都應該要有這樣的觀念才是。

Q18 馬曉敏：陳老師您好，每次拜訪客戶，總會碰到不同的反對意見，我總覺得是客戶在找藉口，但又找不到。

　　答：不只是買保險，客戶在購買任何東西的時候，都會思考、選擇和比較，保險對客戶而言，因為不是實體的東西，所以客戶在選擇、比較跟思考瞭解上，客戶會有更多的想法；這時就要用客觀的態度站在他的立場，幫他來做一個適度的建議，客戶就能樂意地與你接觸；你不要認為客戶在反對，反對是天使的聲音，有反對才有客戶，沒反對就聽不到客戶的聲音。

Q19 鄧文博：陳總！做業務的拒絕處理和做增員的拒絕處理，有什麼不同和相同的地方？

答：其實增員跟拒絕處理，應該是一體兩面的，我們應該這樣想，一個客戶或是一個業務員，到底應該要先增員還是要先行銷，行銷人員自己心裡應該要很清楚。假若認為一個人很合適從事壽險事業，但是他卻沒有任何的保單，對你而言會不會是一個好客戶、會不會是一個好業務員，我認為這大有商榷的空間。所以最好是先讓他擁有一張保單，擁有保單後他對保險瞭解了，也有一定的認知了，請他幫你轉介紹客戶，如果個性合適，再讓他來登錄而開創他的事業。要記住，賣他保單是跟他收錢，讓他賣保單是讓他賺錢，這個概念是不一樣的。所以想增員就不要怕、不要擔心，應該抱著更寬大的心、更大的格局。

——以上文字節錄自保保網「專家在線」2013年11月28日
對陳亦純老師的線上即時訪談。

愛惜天下蒼生　愛

捐出生命價值　捐

贈送宇宙最美禮物　贈

新世代，不用「為義捐軀」，也不必「捨命陪君子」，
只要留下一點保險理賠金，你就可以達到「留下大愛，不留遺憾」的偉大生命價值！

推廣機構　 臺北市生命傳愛人文發展協會 Taipei life and love development association.

 台大保險經紀人股份有限公司 tai-da insurance broker co., ltd.

FB　LINE

為什麼你還是窮人？創業如何從0到1

創業・經驗・分享 Startup + Experience + Sharing

19 世紀 50 年代在美國加州的發現大量黃金儲量，隨之迅速興起了一股淘金熱。農夫亞默爾原本是跟著大家來淘金一圓發財夢，後來他發現這裡水資源稀少，賣水會比挖金更有機會賺錢，他立即轉移目標——賣水。他用挖金礦的鐵鍬挖井，他把水送到礦場，受到淘金者的歡迎，亞默爾從此很快便走上了靠賣水發財的致富之路。無獨有偶，雜貨店老闆山姆・布萊南蒐購美國西岸所有的平底鍋、十字鎬和鏟子，以厚利賣給渴望發財的淘金客，讓他成為西岸第一個百萬富翁。

每個創業家都像美國夢的淘金客，然而真正靠淘金致富者卻很少，實際創業成功淘金的卻只占少數，更多的是許多創新構想在還沒開始落實就已胎死腹中。

創業難嗎？只要你找對資源，跟對教練，創業不 NG！

師從成功者，就是獲得成功的最佳途徑！

不論你現在是尚未創業、想要創業、或是創業中遇到瓶頸

你需要有經驗的明師來指點——**應該如何創業，創業將面臨的考驗，到底要如何來解決——王擎天博士就是你創業業師的首選**，王博士於兩岸三地共成立了**19**家公司，累積了豐富的創業知識與經驗，及獨到的投資眼光，為你準備好創業攻略與方向，手把手一步一步地指引你走上創富之路。

好創意 / 新技術 → 有熱情 → 名師指引 / 團隊支援 → 創業保證成功

2017八大明師創業培訓高峰會

| **Step1** 想創什麼業？ | **Step2** 你合適嗎？ | **Step3** 寫出創業計畫書 | **Step4** 創業，我挺你！ | 祝！ 創業成功！ |

你創業我相挺！你想創業嗎？

這是一個創業最好的時代，如今的創業已從一人全能、單打獨鬥的場面轉變為團隊創業、創意創業。每個創業家都像故事中的淘金客，而王擎天博士主持的創業培訓高峰會、Saturday Sunday Startup Taipei ,SSST、擎天商學院實戰育成中心就是為創業家提供水、挖礦工具和知識、資訊等的一切軟硬體支援，為創業者提供創業服務。幫你「找錢」、「找人脈」、「對接人才」、幫你排除「障礙」，為你媒合一切資源，提供你關鍵的協助，挺你到底！

2017 SSST 創業培訓高峰會 StartUP@Taipei

活動時間：2017 ▶ 6/3、6/24、6/25、7/8、7/9、7/22、7/23、8/5

—— Startup Weekend！ 一週成功創業的魔法！ ——

★立即報名★ → 報名參加 2017 SSST 由輔導團隊帶著你一步步組成公司，
上市上櫃不是夢！雙聯票推廣原價：**49800** 元
早鳥優惠價：**5800** 元 (含 2017 八大八日完整票券及擎天商學院 EDBA 20 堂秘密淘金課)

★參加初選★ → 投遞你的創業計畫書，即有機會於 SSST 大會上上台路演，當場眾籌！
有想法，就來挑戰～創業擂台與大筆資金都等著你！

初選
投遞你的
創業計畫書

➡

書面審查
評選出 50 名
參加複賽決選

➡

決選路演
在創業競賽大會上
簡報你的創業計畫

給你一切
的支援

⬅

業師輔導
財務規劃、法律、
行銷等諮詢輔導

⬅

資源媒合
現場對接資金、
人脈、媒合人才

成立公司
上市或上櫃

這場盛會，將是
改變你
人生的起點！

為什麼
創業會失敗？

內含史上最強「創業計畫書」

課程詳情及更多活動資訊請上官網 ▶ 新絲路網路書店
http://www.silkbook.com

「眾籌」成潮，
眾籌將是您實踐夢想的舞台！

勢不可擋的眾籌（Crowd funding）創業趨勢近年火到不行，獨立創業者以小搏大，小企業家、藝術家或個人對公眾展示他們的創意，爭取大家的關注和支持，進而獲得所需的資金援助。相對於傳統的融資方式，眾籌更為開放，門檻低、提案類型多元、資金來源廣泛的特性，為更多小本經營或創作者提供了無限的可能，籌錢籌人籌智籌資源籌……，無所不籌。且讓眾籌幫您圓夢吧！

 終極的商業模式為何？

 借力的最高境界又是什麼？

 如何解決創業跟經營事業的一切問題？

 網路問世以來最偉大的應用是什麼？

以上答案都將在王擎天博士的「眾籌」課程中一一揭曉。教練的級別決定了選手的成敗！在大陸被譽為兩岸培訓界眾籌第一高手的王擎天博士，已在中國大陸北京、上海、廣州、深圳開出眾籌落地班計12梯次，班班爆滿！一位難求！現在終於要在台灣開課了！！

課程時間 2016▶8/6～8/7
2017▶7/22～7/23 （每日09:00～18:00於中和采舍總部三樓NC上課）

課程費用 ~~29800元~~，本班優惠價19800元，含個別諮詢輔導費用。

課程官網 新絲路網路書店 www.silkbook.com

王道
79000PV
會員免費

二天完整課程，手把手教會您眾籌全部的技巧與眉角，課後立刻實做，立馬見效。

 采舍國際
www.silkbook.com

王道增智會

 新‧絲‧路‧網‧路‧書‧店
silkbook◎com

國家圖書館出版品預行編目資料

要買保險的168個理由 / 陳亦純著. -- 新北市：創見
文化 采舍國際有限公司發行, 2014.01
面； 公分
ISBN 978-986-271-449-2 (精裝)

1.保險

563.7   102024223

要買保險
的 *168* 個理由

168 Reasons Why We Need Insurance

成功良品 65

要買保險的168個理由

本書採減碳印製流程
並使用優質中性紙
（Acid & Alkali Free）
最符環保需求。

創見文化 · 智慧的銳眼

作者／陳亦純
總編輯／歐綾纖
文字編輯／蔡靜怡
美術設計／吳佩真

郵撥帳號／50017206 采舍國際有限公司（郵撥購買，請另付一成郵資）
台灣出版中心／新北市中和區中山路2段366巷10號10樓
電話／（02）2248-7896　　　　　傳真／（02）2248-7758
ISBN／978-986-271-449-2
出版日期／2016年7月6版28刷

全球華文市場總代理／采舍國際有限公司
地址／新北市中和區中山路2段366巷10號3樓
電話／（02）8245-8786　　　　　傳真／（02）8245-8718

全系列書系特約展示
新絲路網路書店
地址／新北市中和區中山路2段366巷10號10樓
電話／（02）8245-9896
網址／www.silkbook.com
網址／www.silkbook.com
創見文化 **facebook** https://www.facebook.com/successbooks

本書於兩岸之行銷（營銷）活動悉由采舍國際公司圖書行銷部規畫執行。

線上總代理 ■ 全球華文聯合出版平台 www.book4u.com.tw
主題討論區 ■ http://www.silkbook.com/bookclub　　◎ 新絲路讀書會
紙本書平台 ■ http://www.silkbook.com　　　　　　◎ 新絲路網路書店
電子書平台 ■ http://www.book4u.com.tw　　　　　◎ 華文電子書中心

B 華文自資出版平台
www.book4u.com.tw
elsa@mail.book4u.com.tw
iris@mail.book4u.com.tw

全球最大的華文自費出版集團
專業客製化自資出版 · 發行通路全國最強！